东方
文化符号

朝天宫

吴阗 著

江苏凤凰美术出版社

图书在版编目（CIP）数据

朝天宫 / 吴阗著. -- 南京：江苏凤凰美术出版社，2024.1
（东方文化符号）
ISBN 978-7-5741-0668-0

Ⅰ.①朝… Ⅱ.①吴… Ⅲ.①古建筑-介绍-南京 Ⅳ.①K928.531

中国国家版本馆CIP数据核字（2023）第209681号

责 任 编 辑	舒金佳
设 计 指 导	曲闵民
责 任 校 对	郁周凌平
责 任 监 印	张宇华
责任设计编辑	赵　秘

丛 书 名	东方文化符号
书　　名	朝天宫
著　　者	吴　阗
出版发行	江苏凤凰美术出版社（南京市湖南路1号　邮编：210009）
制　　版	南京新华丰制版有限公司
印　　刷	盐城志坤印刷有限公司
开　　本	889mm×1194mm　1/32
印　　张	4.125
版　　次	2024年1月第1版　2024年1月第1次印刷
标准书号	ISBN 978-7-5741-0668-0
定　　价	88.00元

营销部电话　025-68155675　营销部地址　南京市湖南路1号
江苏凤凰美术出版社图书凡印装错误可向承印厂调换

目录

前　言 …………………………………… 1

第一章　东晋时期的冶山 ………………… 8
　第一节　西园的历史 …………………… 8
　第二节　三处"谢公墩" ……………… 12
　第三节　冶山第一座寺庙 ……………… 17
　第四节　西园与郭文举 ………………… 20

第二章　幸有青山埋忠骨 ………………… 27
　第一节　卞壶其人 ……………………… 27
　第二节　卞壶墓祠 ……………………… 30
　第三节　卞壶墓祠历史变迁 …………… 34

第三章　风雅南朝总明观 ………………… 39
　第一节　总明观的来历 ………………… 39
　第二节　总明观里的学术活动 ………… 42
　第三节　总明观里的名家 ……………… 45

第四章　隋唐宋元时期的冶山 ⋯⋯⋯⋯⋯⋯⋯ 50
第一节　道教宫观 ⋯⋯⋯⋯⋯⋯⋯ 50
第二节　冶山名寺 ⋯⋯⋯⋯⋯⋯⋯ 60
第三节　文宣王庙 ⋯⋯⋯⋯⋯⋯⋯ 63

第五章　明代的朝天宫 ⋯⋯⋯⋯⋯⋯⋯⋯⋯⋯ 64
第一节　太祖赐名 ⋯⋯⋯⋯⋯⋯⋯ 64
第二节　重修朝天宫 ⋯⋯⋯⋯⋯⋯ 66
第三节　西山道院 ⋯⋯⋯⋯⋯⋯⋯ 73
第四节　道录司 ⋯⋯⋯⋯⋯⋯⋯⋯ 76

第六章　冶城西峙似前朝 ⋯⋯⋯⋯⋯⋯⋯⋯⋯ 78
第一节　清代的朝天宫 ⋯⋯⋯⋯⋯ 78
第二节　"冶城西峙" ⋯⋯⋯⋯⋯⋯ 85
第三节　府学文庙焕新生 ⋯⋯⋯⋯ 88

第七章　百年沧桑今胜昔 ⋯⋯⋯⋯⋯⋯⋯⋯⋯ 108
第一节　民国时期的"首都高等法院" ⋯⋯⋯⋯ 108
第二节　故宫博物院南京分院 ⋯⋯ 113
第三节　朝天云阁今胜昔 ⋯⋯⋯⋯ 122

前　言

传说公元前 5 世纪，吴王夫差在今朝天宫所在的山冈之上设立冶炼作坊，铸造兵器，同时修建了小型城池。因此，朝天宫后山就被称为"冶山"或"冶城山"。

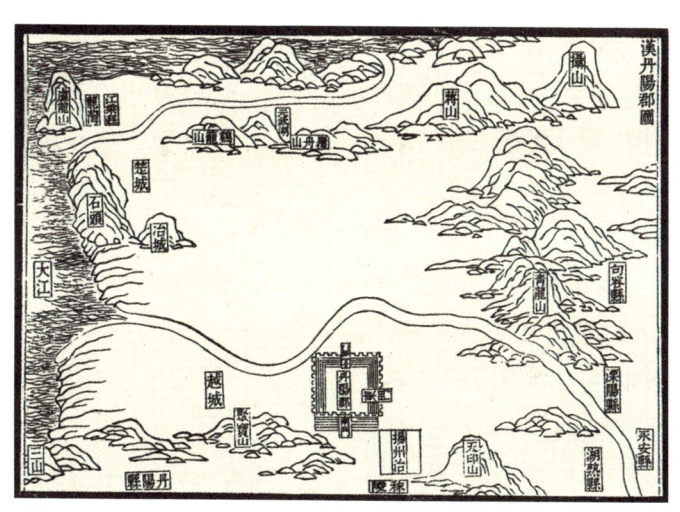

《金陵古今图考·汉丹阳郡图》所标出的冶山

东吴铸钱

春秋时期吴越争霸,吴王夫差早期不忘父仇,励精图治,征服越国,又北向与中原诸侯争霸;晚年志得意满、骄奢淫逸,被越王勾践翻盘反杀,等等。一系列传奇故事,一直深受国人喜爱并被津津乐道。这样一位历史人物能与朝天宫结缘以及他在冶山"设冶铸剑"的事迹,能够成为朝天宫的历史渊源,足以为朝天宫增色。但事实是:夫差"设冶铸剑"只是一个美丽的误会。

"设冶铸剑"的说法,最早出自南朝刘义庆的《世说新语·言语》中"王右军与谢太傅共登冶城"一条,其下南朝梁刘孝标注称:"《扬州记》曰:冶城,吴时鼓铸之所。吴平犹不废,王茂弘所治也。"王茂弘即东晋司徒、丞相、扬州刺史王导,茂弘是王导的字。关于王导与朝天宫的故事后文会专门讲述。

就这段文字而言，揭示了一个非常重要的时间线：冶山作为吴国的鼓铸之所，在吴国被平定了之后，没有被废止，仍然在开工，而且由晋朝（东晋）的扬州刺史王导管理。很显然，假如这个鼓铸之所是吴王夫差建的，平灭这个吴国的便是楚国，不可能是晋朝。但从史实资料来看，此处的吴国是被晋朝平灭的，晋朝平灭的只能是三国的孙吴。再者，一个冶炼作坊，如果说是遗迹，还有可能从公元前5世纪一直延续到公元4世纪，留下一些雪泥鸿爪；但是从公元前5世纪一直运作到东晋，跨越700多年，那是绝无可能的。如果说从东吴开始运作，延续个几十年到东晋，还算合理。可见，"吴时鼓铸之所"的"吴"，一

《金陵古今图考·秦秣陵县图》所标出的冶山

定是指孙吴，而不是春秋时代的吴国。

其实，《世说新语》中的另一条记载，也明确了"孙权筑冶城"的事实。《世说新语·轻诋》"庾公权重，足倾王公。庾在石头，王在冶城坐……"一条，刘孝标注引《丹阳记》曰："丹阳冶城，去宫三里。吴时鼓铸之所，吴平犹不废。又云：孙权筑冶城，为鼓铸之所……"此条所引《丹阳记》，作者山谦之为南朝刘宋时人，距东晋不远，他所言"孙权筑冶城"云云，当更为可信。

南京地方文献中最早提到夫差"设冶铸剑"的当为明人陈沂。陈沂（1469—1538），字鲁南，世居金陵，明正德年间（1506—1521）进士。历任编修、侍讲，后至山东

孙吴冶城图

孙权像

参政。因不附权贵，改任太仆卿，不久辞官归乡。陈沂于正德十年（1515）开始编撰《金陵古今图考》，次年书成刊刻。《金陵古今图考》专记金陵建置，自列国至明代作图 15 幅。因金陵城郭规制历代差异很大，故又作互见图以分辨。书有自序，每图并附文说明。

陈沂在《金陵古今图考·吴越楚地图考》中写道："金陵在春秋时，本吴地也，未有城邑。惟石头东由冶城，传云夫差冶铸于此，即今朝天宫地。"后人便以此为依据，将"设冶铸剑"的典故归于吴王夫差。

《金陵古今图考·吴越楚地图》所标出的冶城

证诸史料，冶山为东吴孙权所立可为定论。但吴王夫差"设冶铸剑"的传说，也不妨作为非物质文化遗产予以保留。

第一章　东晋时期的冶山

第一节　西园的历史

东晋时期，现今朝天宫所在的冶山地区，曾是一处著

东晋西园图（《金陵古今图考·东晋都建康图》所标出的西园即冶山）

名的风景名胜之地。东晋初年，曾经建有当时的扬州刺史、司徒、丞相王导的园林别墅，名为西园。王导死后，仍以冶城闻名于世。东晋孝武帝太元十五年（390），为冶城寺。桓玄入建康，废寺为别苑，后复为寺。

西园又名"冶城园"，之所以得名，是因为坐落于西州城的西面。西州城即六朝时期扬州刺史的治所。扬州自汉代设置以来，治所屡迁：初治历阳（今安徽和县），后治寿春（今安徽寿县），汉灵帝末年治于曲阿（今江苏丹阳）。西晋永嘉年间，王敦为扬州刺史，在建邺（今南京）创立州城（据《建康实录·卷一》），因位置在台城以西，故称"西州城"。西州城的位置当在今南京朝天宫以东、张府园以西一带（参见卢海鸣先生《六朝都城》）。

东晋名臣王导担任扬州刺史前后长达20余年，于初任扬州刺史不久，即在今冶山修建园林。据《六朝事迹编类·卷三》引《寰宇记》称：晋元帝大兴初，以王导疾久，方士戴洋云："君本命在申，而申地有冶，金火相烁，不利。遂移冶城于石头城东，以其地为园。"

这里解释一下，冶山在东吴时期为冶官治所，建有冶炼作坊，东吴被西晋灭掉之后冶坊仍在开

王导（清人绘）

工——"吴平犹不废"。前文说的是王导任扬州刺史时,在西州城办公长期患病不愈,方士戴洋就说:"你的本命在申(古代算命术将天干地支配五行,王导生于公元276年丙申,申于五行为金),你所在的地方有冶炼作坊,金被火煅烧,于君不利。"于是,王导下令将冶坊搬迁到石头城以东,而将冶山建成了私家园林。

六朝名士多好徜徉山水、亲近自然,有条件的往往喜欢修建园林、别墅以自娱。

《晋书·王羲之传》就曾记载:"(王)羲之雅好服食养性,不乐在京师,初渡浙江,便有终焉之志。会稽有佳山水,名士多居之,谢安未仕时亦居焉。孙绰、李充、许询、支遁等皆以文义冠世,并筑室东土,与羲之同好。"

名士孙绰在其《遂初赋》序中也说:"余少慕老庄之道,仰其风流久矣……乃经始东山,建五亩之宅,带长阜,倚茂林。"

作为东晋初年名士之首的王导,对他自己的园林——西园的经营自是十分上心的。首先,西园的自然林木植被保存得比较好,"园中果木成林,又有鸟兽

王羲之

麋鹿"。

其次，是广起亭台楼榭，穿池造景。《金陵玄观志》所收晋人诗《初秋西园》，生动形象地描绘了当时的胜景：

> 池亭三伏后，林馆九秋前。清泠间泉石，散漫杂风烟。蕖开千叶影，榴艳百枝燃。约岭停飞斾，凌波动画船。

据《晋书·王导传》载，王导在兴修西园时，还发掘出了前代的钱币窖藏："先是，导梦人以百万钱买悦，潜为祈祷者备矣。寻掘地，得钱百万，意甚恶之，一皆藏闭。"王导的长子王悦深受王导喜爱，王导曾梦见有人用百万钱买王悦的性命，王导心里甚是紧张。可巧就在掘地时（王导不会胡乱掘地，肯定是在营建西园的时候）挖出了存有百万钱的窖藏，王导很不高兴，于是下令立刻填埋回去。

风景清幽、山水秀丽的西园吸引了当时众多的重臣、名士，他们在案牍理政之余，来此盘桓、游憩：或独步园林，诗酒自适；或挥麈清谈，啸咏自得。就连皇帝本人也曾前来游赏。《晋书·成帝纪》云："咸和五年（330）冬十月丁丑，幸司徒王导第，置酒大会。"《六朝事迹编类》引徐广《晋记》亦云："成帝幸司徒府，观冶城园。"

当时的西园，因其具有扬州刺史治所西州城后花园的性质，还曾经成为政治斗争的舞台。

晋成帝年间（325—342），外戚庾亮专权，"苏峻之乱"平定以后，"迁亮都督江、荆、豫、益、梁、雍六州诸军事，领江、荆、豫三州刺史，进号征西将军、开府仪同三司、假节……迁镇武昌"（《晋书·庾亮传》）。而庾亮"又欲率众黜导"，想要率众废黜王导，于是两个人就有了矛盾。庾亮坐拥重兵，王导拿他没办法，只好找机会小小发泄一下。

《晋书·王导传》云："时亮虽居外镇，而执朝廷之权，既据上流，拥强兵，趣向者多归之。导内不能平，常遇西风尘起，举扇自蔽，徐曰：元规尘污人。"

王导"举扇自蔽"的地点就在西园。据《世说新语·轻诋》："庾公权重，足倾王公……王在冶城坐。大风扬尘，王以扇拂尘曰：元规尘污人。"

王导作为东晋早期的柱石之臣，前后任扬州刺史这一要职20余年，努力协调司马皇室与各大世家大族的关系，对稳定东晋初年的政局起到了十分重要的作用。咸康五年（339），王导薨逝，时年64岁。王导死后，文献中关于西园的记载也难再寻觅，但冶山作为风景名胜之地却一直保留了下来。

第二节 三处"谢公墩"

王导死后30余年，另一位东晋名臣谢安曾与大书法家王羲之游览冶山，留下了另一段千秋佳话。

在南朝刘义庆的《世说新语·言语第二》中有这样一

段记载：

> 王右军与谢太傅共登冶城，谢悠然远想，有高世之志。王谓谢曰："夏禹勤王，手足胼胝；文王旰食，日不暇给。今四郊多垒，宜人人自效；而虚谈费务，浮文妨要，恐非当今所宜。"谢答曰："秦任商鞅，二世而亡，岂清言致患邪？"

谢安

古人对人敬称，往往用官职、籍贯等指代，上文"王右军"即王羲之，谢太傅即指谢安。该记载是说：某一天，王羲之和谢安共同登上冶城观赏风景，谢安面对美景悠然神往，表达了不愿为世间俗务所羁绊的"高世之志"，而王羲之却对谢安说："夏朝的大禹勤于王事，连手脚都长满了老茧；周朝的周文王处理政务，直到中午才顾得上吃饭，一天忙到晚，时间都不够用。如今天下纷争，连国都的四郊都建起了防御敌人的堡垒，正是每个人主动报效国家的时刻；而玄学清谈荒废了政务，浮夸虚文妨碍了国家大事，恐怕不是当今所应该提倡的风气。"谢安答道："秦朝任用商鞅，以他的理念治国，落得个二世而亡，这难道是清谈玄言造成的吗？"

王、谢登高，纵论玄言利弊，时人传为佳话。而以

史实论之，王羲之除了书法为一代"书圣"，并有《兰亭集序》名传千古之外，并无济世安民的惊人之举，时人论及王羲之，不过"清鉴贵要"四字。倒是谢安，能够以灵活的政治手腕调和朝廷与世家大族的矛盾，使东晋王朝得以延续，更在前秦大举南侵之际指挥若定，"镇安朝野"，赢得了淝水之战的胜利。后人曾赞曰："风流宰相，唯有谢安。"

王、谢同登冶山之处，后人称为"谢公墩"，其地在今朝天宫所在的冶山自是不言而喻。唐代大诗人李白曾有《登金陵冶城西北谢公墩》诗，其略云：

冶城访古迹，犹有谢公墩。
凭览周地险，高林绝人喧。
……

但有意思的是：在南京，谢公墩居然有三处，分别牵涉了不同时代的名人。三处谢公墩各说各话，相安无事，这不能不让人在感慨名人效应对历史的复杂作用的同时，对王、谢的名士之风悠然神往。

除了冶山，另外两处谢公墩，一在南京城东片，清溪路附近的半山园。这处谢公墩与北宋名臣王安石有关。

王安石（1020—1086），江西抚州临川人，生于江西，却与南京有着不解之缘。他在南京度过青年时代后，又来此两度守孝、三任知府，前后共生活了20余年，逝世后葬于钟山脚下。

宋神宗熙宁九年（1076），56岁的王安石第二次出任宰相不久，与保守派发生争端，遂于当年十月复求罢相，宋神宗应允，给王安石一个"判江宁府"的官衔。回到金陵后，王安石一直没去衙门办公，于第二年六月辞官，在城东门到钟山途中择地为自己建造了一所居室。因其地距江宁城东门3.5千米，距钟山主峰也是3.5千米，正当半途之处，故将居室命名为半山园。据《宋稗类钞卷之四》："王荆公不耐静坐，非卧即行。晚居钟山谢公墩，自山距城适相半，谓之半山。尝畜一驴，每旦食罢，必一至钟山，纵步山间，倦则即定林寺而卧，往往至日昃乃归，率以为常。"

1084年，王安石得了一场大病，神宗派国医到江宁府给他治病。病好以后，他上书皇帝请求以自己的住宅改建寺院，神宗赐额"报宁禅寺"，又称半山寺。

明代，半山寺被划入皇宫禁地范围内。清道光时，两江总督陶澍在半山园故址重建半山寺，咸丰时被毁，同治九年（1870）重建。

传说半山园屋舍左侧有一小峰隆起，高约6.67米余，苍松覆掩，状若碧玉，即为谢公墩。王安石曾有《谢公墩》诗云：

走马白下门，投鞭谢公墩。
昔人不可见，故物尚或存。

> 问樵樵不知,问牧牧不言。
> 摩挲苍苔石,点检屐齿痕。
> ……

王安石还专门写了一首《争墩诗》:

> 我名公字偶相同,我屋公墩在眼中。
> 公去我来墩属我,不应墩姓尚随公。

第三处谢公墩在今南京五台山。据《秣陵集》卷二记载,谢公墩在"冶城北二里",其地当在五台山永庆寺附近。《江南通志·古迹考》《金陵四十八景·谢公古墩》也有类似记载。

南京五台山在清代曾是著名诗人袁枚所建的随园所在地。据《随园诗话》卷五载,袁枚曾"考志书知园基即谢公墩,李白悦谢家青山欲终焉而不果,即此处也"。

随园本是曹雪芹的祖父、时任江宁织造的曹頫的花园。后来曹家被抄没后,花园归新任江宁织造隋赫德所有,称隋织造园,简称隋园。此园后来辗转为袁枚所得,加以精心改造,"因山筑基,因流为沼""随其高为置江楼,随其下为置溪亭,随其夹涧为之桥,随其湍流为之舟",因其随势取景,易"隋"为"随",称为"随园"。

第三节　冶山第一座寺庙

到东晋孝武帝太元十五年（390），在冶山出现了最早的寺庙——冶城寺。这是孝武帝为来自江陵的沙门法新专门建立的寺庙，也是冶山地区最早出现的寺庙。冶城寺香火传承甚久，除东晋末年短暂被废外，直到南朝陈代，尚能见诸文献记载。《陈书·高祖本纪》就有两条关于冶城寺的文字：

（梁）绍泰元年（555）十一月己卯，齐遣兵五千济渡据姑孰。高祖命合州刺史徐度于冶城寺立栅，南抵淮渚。

（陈）永定二年（558）八月丙寅，以广梁郡为陈留郡。辛未，诏临川王蒨西讨，以舟师五万发自京师，舆驾幸冶城寺亲送焉。

冶城寺不仅传承久远，而且颇有名僧大德在此驻锡。据《南朝佛寺志》记载，冶城寺中的高僧云集，其中最有名的要数有"黑衣宰相"之称的释慧琳。

据《南史》卷七十八载：释慧琳，"秦郡秦县（侨置郡县，实治今南京六合）人，姓刘氏。少出家，住冶城寺。有才章，兼内外之学"。慧琳的才学受到朝廷权贵的赏识。他曾与名士谢弘微交游，又受到宋武帝刘裕的次子庐陵王刘义真的知重。刘义真有夺取帝位的野心，曾说："得志之日，将以谢灵运、颜延之为宰相，慧琳为西豫州都督。"

宋少帝景平二年（424），庐陵王刘义真得罪被废，颜延之、谢灵运都被贬黜，慧琳也受牵连。

约于宋文帝元嘉十年（433）前后，慧琳著《均善论》，以白学先生与黑衣道士问答的形式，论述佛教与儒学的异同。文章认为：佛教仁慈，劝人迁善，与周公、孔子以仁义化天下，方法虽然不同，都是为了挽救风俗，宗旨是一致的。释迦、孔子俱以排除私欲和患累为目的，二教殊途同归，所以"六度与五教并行，信顺与慈悲齐立"。佛教的"六度"——即布施、持戒、忍、精进、定、智慧六种从生死此岸到达涅槃彼岸的途径，与儒家的"五教"——即仁、义、礼、智、信所谓"五常"，并行不悖；儒家的信、顺与佛教的慈悲也可以相辅相成。因为慧琳此论假托白、黑二人对话，所以又名《白黑论》。

慧琳所著《白黑论》虽然以儒、释调和为主旨，客观上有利于释教的传播，但多数僧人却认为他有"贬黜释氏，自毁其法"之嫌，遂集议要将他摈斥。所幸宋文帝很欣赏他的这篇论文，这才保护了他。终文帝一朝，慧琳深受信重，经常参与朝廷的重要政事。元嘉十七年（440），彭城王义康专权跋扈被废，出镇豫章。临行前，宋文帝特命慧琳前去探察义康的态度，对慧琳的信任可见一斑（《宋书·武二王列传》）。

正是由于宋文帝的信任，慧琳成为权势熏天的"政治和尚"。他居住的冶城寺门前，宾客辐辏，常有车马数十辆。四方之人都来走慧琳的门路，以求得政治、经济上的利益，对慧琳的馈赠和贿赂接连不断，慧琳成为一时最有权势的人。慧琳为了炫耀自己的权势，设置方筵七八处，总是宾客满堂、座无虚席。当此之时，慧琳脚穿高屐，身披貂裘，气派十分豪华。他还设立书佐负责通报启事，传递文书，就像执政宰辅一样，高高在上。会稽名士孔觊去拜访他，其时宾客济济，慧琳与他只是寒暄一番而已。事后，孔觊感慨地说："慧琳简直就是黑衣宰相，我们这些衣冠儒生都成为无用之物了！"（《南史》卷七十八）

冶城寺的香火传承，在东晋末年一度被废，那是在晋安帝元兴三年（404）。据《建康实录》卷十载：是年春正月，篡晋自立为帝的桓玄下令"筑别苑于冶城"，把冶城寺的和尚全都赶了出去，将寺庙改成别苑，并且"广起楼榭，飞阁复道延属于宫城"。即在冶山大兴土木建造楼阁亭榭，并建高于地面的悬空通道，一直延伸到宫城（即台城）。桓玄篡晋历时不过百天，所以冶城寺也很快恢复了香火。

纵观整个东晋南朝历史，朝天宫所在的冶山地区，一直是一处知名度很高的风景名胜之地。东晋初期建有王导的私家园林——西园，但同时也可以看作是扬州刺史治所西州城的后花园。其后不论是兴建冶城寺、改为别苑，直至刘宋时期设总明观于此，冶山地区始终深受众多文人名士的青睐，从而留下了丰富的人文掌故。除了以上提到的内容以外，还可以列举几个例子。

南朝著名文学家谢灵运的《撰征赋》中，就有"视冶城而北属，怀文献之攸扬"的名句。梁简文帝也留下了《大同八年秋九月诗》：

大君重九节，下辇上林中。
酒阑嘉宴罢，车骑各西东。
时余守西掖，脂车归北宫。
车分独坐道，扇拂冶城风。
落照堑中满，浮烟槐外通。
长乐含初紫，安榴圻晚红。

第四节　西园与郭文举

西园是东晋初年朝廷群公名士雅集高会之所。有一位东晋时期著名的隐士曾在西园居住长达7年，他就是西园隐逸郭文。

据《晋书·隐逸传》：郭文，字文举，河内轵人（今河南济源南）。自幼喜爱山水自然，13岁时就常常到山野林间去游玩，一去就是10多天不回家。父母去世以后，郭文立志不娶，离开家乡，四处游历名山大川。

永嘉末年（312），西晋首都洛阳陷落，中原地区陷入兵火战乱之中。郭文自己挑着行李，步行来到江南吴兴余杭（今浙江余杭）的大辟山中，选了一处人迹难至的山谷，靠着大树搭起简易的草庵，就这样隐居下来。

郭文隐居山中10余年，割鹿皮为衣，不饮酒食肉，自己开荒种地，自给自足。当时山中猛兽极多，经常跑到山下的人家为害，但郭文独居山中10余年，却安然无恙。山中的食物足以自给，郭文采集竹叶、树木的果实到山下卖掉，换取食盐等必需品。一开始，有人欺负他，总是故意压低价格，郭文也不跟人家计较。后来人们渐渐地知道他是一个老实人，就不好意思压价了。平时种的粮食，要是有富余，郭文总是拿来分给周围贫困的人；要是有人送他东西，他也不坚决拒绝，而是随便拿一点，表示领情。

郭文举

有一次，郭文发现自己居住的草庵旁边有一头被猛兽咬死的大野鹿，他就告诉了别人。别人把死鹿弄下山去卖了钱，要分给郭文，他说："我要是要钱，就自己去卖了。之所以告诉你们，就是因为钱对我来说是没什么用的。"

又有一次，一只大老虎跑到郭文面前，张开血盆大口。郭文也不害怕，仔细一看，原来老虎的喉咙里卡了一块大骨头。郭文就把手伸到老虎的喉咙里帮它把骨头取了出来。第二天一大早，那只老虎叼了一只鹿，放在了郭文的草庵前。

余杭令顾飏和道教名家葛洪曾一起到山中去拜访郭文，并且邀请他到县城里去做客。顾飏见郭文衣裳单薄，就赠送给他一件上等的牛皮大衣。郭文不肯接受，告辞回山了。顾飏又派人把皮衣送到郭文隐居的草庵里，郭文也不理睬。皮衣放在草庵里直到烂掉，郭文也没有动过。

东晋丞相王导听说了郭文隐居山中的事迹，派人邀请他到当时的首都建康（南京）来居住。郭文接受了邀请，但不肯乘船坐车，自己挑着行李，步行来到建康。

王导把郭文安排住在自己的别墅"西园"（即今朝天宫所在的冶山）。当时的西园，果木成林，绿草如茵，又放养着各种鸟兽麋鹿，郭文很喜欢这里。

当时朝廷名士在西园雅集，王导经常安排郭文参加。郭文布衣葛巾，啸傲于王侯卿相之间，旁若无人。

有一次，东晋名臣、大名士温峤曾在雅会中与郭文进行了一场有趣的对话。

温峤问："人们都是在亲友、家人中间获得温情与快乐，先生离群索居，难道也会觉得快乐吗？"

郭文回答："本想学道成仙的，没有想到碰到了动荡的时代，要想回去也没办法了，所以只好这样了。"

温峤问："肚子饿了要吃饭，年纪大了想成家，这都是人的天性。先生难道没有这方面的需求吗？"

郭文回答："需求起自体验之后的贪欲，没有贪欲也就没有需求了。"

温峤又问："先生独居深山之中，万一因疾病而死，尸体会被鸟兽所食，不是太可怜了吗？"

郭文回答道："用棺椁下葬的，尸体还不是要被蝼蚁所食，又有什么分别呢？"

温峤又问："猛兽会伤人，大家都害怕。难道先生你就不怕吗？"

郭文答道："人无害兽之心，野兽也就不会来害人。"

……

经过这一番对答，当时的名士们都对郭文刮目相看，温峤更是赞不绝口，称赞郭文"有古代圣贤的品质，可以与春秋时代的柳下惠、西汉时期的梁鸿相媲美"。

西园雅会，风景宜人，丝竹悦耳，与会的群公名士往往相与谈论，故作"钩沉味远之言"，喋喋不休。郭文不喜酬酢，往往自谦不谙玄言，宁愿独坐读书。

郭文在西园一住7年，有一天突然提出要回到深山去。王导不愿放他离去，郭文就自行逃出建康，来到临安县（今浙江杭州），在山中结庐隐居。临安县的县令万宠仰慕郭文的名声，又把他接到县城里安顿。郭文逃离建康不久，晋成帝咸和三年（328），历阳镇将苏峻发动叛乱，率兵攻入建康，在朝公卿有的被杀、有的逃难。叛军又大肆掳掠余杭一带，唯独临安县未遭兵祸。当时的人都十分惊奇，认为郭文有洞烛先机之能。

"苏峻之乱"后,郭文就不再开口说话,与人交流全靠打手势。后来,郭文病重,要求独自回山,想要"枕石安尸,不令人殡葬",万宠舍不得让他走。郭文连续20多天不曾进食,身体也不见消瘦。万宠在病榻前问他:"先生自知还有多长寿命?"郭文把手举了三次。果然,郭文在15天后逝世了。

《晋书·隐逸传》记载郭文生平大抵如此。从上述记载可以看出,郭文喜好自然,率性天真,不求富贵名利,堪称高士。除此之外,郭文还应该是个很有学问的人。他的学问到底是什么呢?

从本传看,郭文所治之学并非玄学,所以才有"常称不达来语"之说。当然同样也不是文、史、儒等诸学。有证据表明,郭文所治的乃是阴阳谶纬之学。

所谓谶纬之学,是流行于中国两汉时期的一种学说,主要以古代河图洛书的神话、阴阳五行学说及西汉董仲舒的"天人感应"说为理论依据,将自然界的偶然现象神秘化,实际上是一种对未来的政治预言。

《隋书·经籍志二》收录郭文所著的《金雄记》一卷,并将其归于谶纬一类。郭文《金雄记》早已亡佚,只在《南史·卷四·齐本纪上》可见其只言片语。《齐本纪》为了证明齐高帝萧道成是承天受命的真命天子而列举了诸多祥瑞,其中有云:"郭文举《金雄记》曰'当复有作,肃如草'。""肃如草"者,萧也。前文的意思就是:"将要再次兴起的,是姓萧的。"

《宋书·符瑞志二》收有郭文《金雌诗》两条,其一曰"大火有心水抱之,悠悠百年是其时",这是预言刘宋当兴。其二曰"云出而两渐欲举,短如之何乃相岨。交哉乱也当何所,唯有隐岩殖禾黍。西南之朋困桓父",两个"云"是"玄"字,加上"困桓父"的"桓"字,这是预言东晋末期"桓玄之乱"的。

由于郭文所治的是极为神秘的谶纬之学,再加上他有先机避祸、自言寿命等充满神秘色彩的生平事迹,所以在后世被神化成了神仙。

北宋太平兴国年间(976—983)的类书《太平广记》卷十四,在"神仙"类下有"郭文"条。言郭文在山中隐居时,有太和真人"曾降其室,授以冲真之道"。这位太和真人在葛洪的《神仙传》中有记载,名叫尹轨,山西太原人,他的远祖就是当初老子骑青牛出函谷关时当守关令的尹喜。尹轨在南阳太和山得道升仙,所以称为"太和真人"。郭文得道后有了役使老虎的神通,还得到了晋朝皇帝的接见,最后成仙飞升。后人在他的卧床席子下面,发现了书写在草叶上的《金雄记》《金雌诗》,内容都是一些谶纬之词。

成书于北宋天圣三年至七年(1025—1029)的道教类书《云笈七签》,在第一百一十卷《纪传部第八》的记载中,说郭文收了一个叫徐凯的徒弟,并传授给他役使神吏神兵的法术云云。

六朝时期，儒教衰弱，玄风大行，嵇康提出的"越名教而任自然"的观点成了魏晋时期最富代表性的口号。在这样的时代背景下，寄情山水、退隐林泉的隐逸高士层出不穷。而这些高士的言行举止、生平事迹，不仅在当时，而且在后世也常常成为人们追逐、尊崇的偶像，郭文就是其中颇有影响的一位。

郭文病逝于临安县时所住的故宅到梁武帝末期尚存，"世祖文皇帝（陈文帝）……侯景之乱，避地临安县郭文举旧宅……"（《南史·卷九·陈本纪》），已经历时200多年了。郭文在建康（今南京）冶山西园居住了7年，其地遂名为"郭文举读书台"，遗址至今尚可略考。

宋代《景定建康志》记载：后梁龙德元年即杨吴顺义元年（921），在冶山建紫极宫，"宫分东西……西为郭文举读书台"。又载："宋建天庆观于冶山，旧太乙殿基即郭文举读书台。"

到了明代，洪武十七年（1384）太祖朱元璋下诏修建朝天宫。宫内建有全真堂，是道士们日常修炼的地方。按其堂址，则"……晋丞相王导西园，郭文举读书园中，有读书台……（全真堂）即其处也"（《金陵玄观志》）。顾起元《客座赘语》卷七亦云"郭文举读书台在冶城"。

清代《重刊江宁府志》卷四称："冶城山……地于六朝为冶亭，有郭文举读书台……今圮。"

第二章　幸有青山埋忠骨

第一节　卞壶其人

朝天宫所在的冶山西麓,是东晋著名的忠臣卞壶的墓、祠所在。卞壶墓、祠始建于东晋,时间远远早于明代的朝天宫,所以民间有"先有卞公祠,后有朝天宫"之说。

卞壶(281—328),字望之,济阴冤句人(今山东曹县西北)。卞氏为西晋北方大族,卞壶的父亲名卞粹,兄弟六人,人称"卞氏六龙"。卞壶少年知名,西晋永嘉年间曾任著作郎,主管文史。西晋宗室司马睿以琅琊王镇守建邺(今南京)时,召卞壶为从事中郎,掌管官吏选举,对他信任有加。

卞壶(清版画)

公元 317 年，司马睿称帝，史称晋元帝。他任命卞壶为太子中庶子，后转散骑常侍、侍讲东宫，又升为太子詹事，再转御史中丞。御史中丞之职，专司监察、劾举官员。卞壶忠于公事、不畏强权，令权贵显要望风敛迹，不敢任意妄为。

公元 322 年，晋元帝病逝，太子即位，是为晋明帝，卞壶升任吏部尚书、中军将军，领尚书令。明帝在位时间不长，临终时，卞壶与王导、庾亮等人共同受命辅弼太子司马衍，是为晋成帝。成帝即位之初，接受百官朝贺，司徒王导摆老资格，称病不至。卞壶正色对众人说："王公岂社稷之臣耶？大行在殡，嗣皇未立，宁是人臣称疾之时？"（《晋书·列传四十·卞壶传》）意思是说：先帝丧礼未办，新皇还未正式登基，在这样重要的时候，作为承担社稷重任的大臣，怎么能称病不至呢？这个话传到王导耳朵里，他只好立即赶来参加朝贺了。

王导是东晋立国初期最重要的大臣，晋元帝登基时都要拉他共坐御床。王氏家族的子弟、亲信遍布朝野，史称"王与马，共天下"。面对这样一位威望、权势无人可比的权臣，卞壶能够"不畏强御"、据理切责，"举朝震动"，深受时人的敬重。就连"视朱门如棚户"，即使在丞相王导家中做客也是横躺竖卧的高坐道人，见到卞壶也要肃然改容，称"彼是礼法人"（《世说新语·简傲》）。而曾被他当众指责的王导，也称赞他"如同山峰屹立"（《世说新语·赏誉第八》)。

晋成帝即位时年纪尚小,外戚庾亮当权。他排除异己,任意逐杀大臣。他准备把手握重兵的历阳(今安徽和县)镇将苏峻征调入京,解除兵权。卞壶坚决反对,认为"峻拥强兵,多藏无赖,且逼近京师,路不终朝,一旦有变,易为蹉跌。宜深思远虑,恐未可仓猝"(《晋书·列传四十·卞壶传》)。庾亮不听劝阻,执意征调苏峻入京,终于酿成了"苏峻之乱"。

晋成帝咸和三年(328),苏峻与寿春(今安徽寿县)镇将祖约联合起兵,以"诛庾亮、清君侧"为名,率叛军进攻南京。朝廷令卞壶"都督大桁东诸军事",以尚书、右将军、领右卫将军的名义率郭默、赵胤等将领迎敌。首战失败,退守京城。叛军趁势进攻清溪栅,卞壶率诸路兵马奋力阻击。叛军"因风纵火",卞壶所部军兵溃散。卞壶当时已身受背伤,他拒绝后退,组织散兵和属下亲兵数百人,向敌军发起最后冲击,终于力战陷阵而死,时年48岁。卞壶的两个儿子卞眕、卞盱随父出战,同时遇难。史载卞壶夫人裴氏,抚二子之尸而哭,曰:"父为忠臣,汝为孝子,夫何恨乎?"(《晋书·列传四十·卞壶传》)

晋成帝咸和四年(329),"苏峻之乱"平定,朝廷为卞壶父子建墓于今朝天宫后山西侧。赠卞壶为侍中、骠骑将军、开府仪同三司,谥"忠贞",规定以太牢之礼祭祀。赠卞壶长子卞眕为散骑侍郎、次子卞盱为奉车都尉,配享左右。卞壸的第三子名卞瞻，官至广州刺史。

咸康六年（340），晋成帝追思卞壸的功绩，下诏对卞氏后人给予抚恤。晋安帝义熙年间（405—418），有人盗掘卞壸墓，见尸体犹存，鬓发苍白，面色如生，两手卷握，指甲长得穿透手背。晋安帝下诏给钱十万，以重修墓茔。到了南朝时期，齐梁各代，均曾加以修治。

卞壸父子忠心报国，死于王事，历朝历代皆列于祀典。

第二节　卞壸墓祠

南齐初年，处士何点曾在此建"东篱门园"以居，"园内有卞忠贞冢，点植花卉于冢侧，每饮必举酒酹之"（《梁书》卷五十一）。

南齐永元年间（499—500），朝廷下令为卞壸修墓。卞壸的后裔、时为绥建太守的卞彬曾上陈《谢修墓启》，称"陛下弘宣教义，非求效于方今；壸余烈不泯，故陈力于异世"（《景定建康志》卷四十三）。

六朝时期，卞壸墓有墓无祠。到南唐保大年间（943—957）开始在墓侧修建亭、祠。据《景定建康志》卷四十四载："南唐于墓所建忠贞亭，穿地得断碑，徐锴为之识。"

有宋一朝，也曾多次改建、重建卞壸墓祠、亭，又将卞壸所谥"忠贞"改为"忠烈"。北宋庆历三年（1043），时任江宁知府的叶清臣取"父为忠臣，子为孝子"之意，

卞壶墓碣

将南唐所建"忠贞亭"改为"忠孝亭",并亲笔题写墓碣《晋卞壶墓碣》。

《晋卞壶墓碣》为石质,高2.35米,上宽0.5米,下宽0.56米,厚0.5米。正书两行,每行11字,其文曰"晋尚书令假节领军将军赠侍中骠骑将军成阳卞公墓"。

叶清臣是北宋名臣,《宋史·本传》赞誉他"天资爽迈,遇事敢行,奏对无所屈",又称他"立朝謇謇,无所附丽"。与此同时,叶清臣也是一位工于楷书、行书的书法大家。叶清臣所书的卞壶墓碣，师法颜真卿，雄劲古厚，法度森严，无论从书法艺术还是文物价值角度来看，在江苏地区都是较为罕见的。该墓碣现状完好，由南京市博物馆收藏。

北宋元祐八年（1093），江宁知府曾肇将忠孝亭扩建为忠孝堂，并绘制了卞壶画像，悬挂其中，规定于春秋两季以礼祭祀。

建炎年间（1127—1130），金兵南渡，忠孝亭、堂毁于兵火。南宋绍兴八年（1138），当时的知府叶梦得在忠孝亭原址南面建庙，有大殿三间，中置卞壶像，列二子卞眕、卞盱像于右殿配享，又置晋侍中嵇绍像配享于左殿。新庙建成后，叶梦得向朝廷上"请庙额状"，宋高宗遂赐庙额为"忠烈"。从此，卞壶墓祠也被称为"忠烈庙"。

绍兴十年（1140），建康制守晁谦之又于庙侧增建忠孝亭；乾道四年（1168），知府史正志又加以整修；嘉定四年（1211），建康留守黄度又在忠孝亭侧加建冶城楼。冶城楼高踞山巅，被誉为"留都绝境"（《景定建康志》卷四十五）。

南宋大诗人陆游在他的《入蜀记》中也记录了"忠烈庙"当时的情况："（乾道六年七月）七日早，游天庆观，在冶城山之麓……观西有忠烈庙，卞壶庙也。以嵇绍及壶二子眕、盱配食……庙后丛木甚茂，传以为壶墓。墓东北又有亭，颇疏豁，曰忠孝亭。亭本南唐忠贞亭，后避讳改焉。"

值得一提的是：卞壶墓前有忠孝泉（井），始建于嘉定三年（1210），是由临淮（今属安徽凤阳）人周虎开凿的。周虎（1161—1229），字叔子，祖籍临淮，靖康中迁居常熟。为人倜傥，轻财尚气。能诗文，善写大字，并习武艺，兼通文武。南宋庆元二年（1196），举武科状元，曾出使金国为副使，后任和州守。开禧二年（1206），金兵会攻和州。时城中守兵不足2000人，有人提议退兵保江面。周虎激励将士，誓死守城。其九旬老母亲临前线劳军。一月中作战34次，杀金兵帅石矻石达并将领十数，金兵受重创败退，由此与宋议和，江淮一带得以安定。绍定二年（1229）以和州防御史致仕卒。卒后赐谥"忠惠"。

据《景定建康志》载：嘉定三年，周虎为马军司都虞候（主管侍卫马军司的主官），办公地点就在冶山的西南

明代忠孝泉井栏圈

山脚下。出于防火的目的，周虎让人"凿池方十有六丈，以受众溜，以备不测"。挖地四五尺深，在池子中间发现了泉眼，"从而深之，则泓纡随溢，清冷而甘香"，"以之瀹茗涤烦，颇胜他水"。周虎想要给这泉水起个名字，正好抬头看到山上的忠孝亭，他认为"新泉之出，与忠孝一亭下上适相近，何不挹望之（卞壶的字）之高风，仰望之遗烈，托忠孝之美名，复皇皇乎他求哉"！正合此意，于是就将此泉命名为"忠孝泉"了。

忠孝泉沿用时间很长，现存明代永乐年间所立的石井栏，六角形，高 0.45 米，刻有"永乐十七年七月忠孝泉"10 字铭文。

第三节　卞壶墓祠历史变迁

有宋一代，特别是南宋，对卞壶墓祠的保护极为重视。这大抵是因为南宋以来内忧外患严重，十分需要树立忠臣孝子的榜样以激励人心。正如绍兴八年（1138），叶梦得在《请庙额状》中所说："时方多难，如壶等辈，数百年间不过三五人，宜有褒显，以诏后来……赐以庙额，庶以兴起四方伏节死难之士，共明君亲之意。"

元至正二年（1342），由永寿宫住持陈宝琳主持，对卞壶祠进行了重修，"规制严整"（《元至正金陵新志》卷十一）。

朱元璋建立明朝，定都南京之后，在钦天山（即今南京北极阁）修建"历代忠臣庙"，祭祀历代忠臣，卞壶的神主也列于其中。而原在冶山的忠烈庙并未因此撤销，而是保持了原来的规模。

据清代甘熙《白下琐言》卷六记载：传说明太祖朱元璋原本计划把卞壶墓从冶山迁走，以扩大朝天宫的占地范围。有天他梦中见到一位白衣妇人，坐在井边，先大哭后大笑，说道："父为忠臣，子为孝子，竟然不能为他们保留三尺宽的墓穴吗？"朱元璋惊醒之后，为卞壶父子的忠孝之心所感动，就取消了迁墓的决定。

在明代，卞壶父子为国尽忠的事迹也广为人知，明人吾邱瑞所编的明杂剧《运甓记》（见《六十种曲》，中华书局，1958年）中，第三十五出"父子死节"就生动地描写了卞壶父子战死疆场的感人故事。

明代的卞公祠较宋代有所缩小，其下有居民区，名为"全节坊"。《万历上元县志》载："（全节坊）在冶城，晋卞忠烈公墓前。"《洪武京城图志》亦称："（全节坊）在朝天宫……晋卞壶死节处，今名全节坊。"

明季清兵入关，于顺治二年（1645）攻占南京，朝天宫在改朝换代的过程中破坏严重，卞壶祠也难幸免。直到数十年后的康熙、乾隆时期才渐渐得到恢复。在《南巡盛典·朝天宫图》中，清楚地描绘了康乾之际卞壶祠的建筑风貌。

据清《重刊江宁府志》载，康熙、乾隆南巡时均曾亲临朝天宫，乾隆还曾为卞壸祠题写过匾额，其辞曰："典午孤忠。""典"字有掌管、司职的意思，"午"在十二生肖中为马，所以"典午"就代表"司马"，即两晋王朝的皇室。这个典故最早出自《三国志·蜀书·谯周传》，而"典午孤忠"意即司马家的忠臣。

据《清高宗实录》记载：乾隆帝还分别于乾隆十六年（1751）三月"遣官祭晋臣卞壸祠、宋臣曹彬庙、明臣徐达墓……"，于乾隆二十七年（1762）"遣官至晋臣卞壸祠、宋臣曹彬祠……拈香奠酒"。

康、乾以降，卞壸祠一直受到较好的保护，每年春秋两季，由"三学"，即江宁府学、江宁县学和上元县学，以及卞氏后人用"少牢之礼"（羊和猪）前往致祭（《重刊江宁府志》）。道光年间两江总督陶澍曾为卞壸祠题刻"有晋父子忠孝卞公之墓"墓碑一块，现保存完好。

到了清同治年间，原来作为道教宫观的朝天宫改为江宁府学，卞壸祠仍然得以保留。同治十年（1871）由原任两江总督的马新贻（同治九年七月遇刺身亡）主持重修的工程完工（《续纂江宁府志》卷五），从而与朝天宫中路的文庙、东路的江宁府学鼎足而三。

清末以来，卞壸祠逐渐荒废，到民国初年已成为民居，现仅存民国四年（1915）款"全节坊"砖砌牌坊一座。中华人民共和国成立后，卞壸祠、墓一直为民居所占，直至2008年才得到重新整修。此次重修，将冶山西麓原卞壸

民国时期为纪念卞壸而建的全节坊（2009年重修）

2009年为纪念卞壸而建的忠孝亭

祠一线的所有民居尽数搬迁后，改建为公共绿地，将卞壸祠历史上的几件重要遗存，包括明代的"忠孝泉"井栏、清代的"有晋父子忠孝卞公之墓"墓碑以及民国年间的"全节坊"等，安置在绿地中，供游人凭吊。

第三章　风雅南朝总明观

第一节　总明观的来历

南朝刘宋泰始六年（470）九月，宋明帝下诏在冶山"立总明观"，"征学士以充之。置东观祭酒、访举各一人，学士二十人，分为儒、道、文、史、阴阳五部学，言阴阳

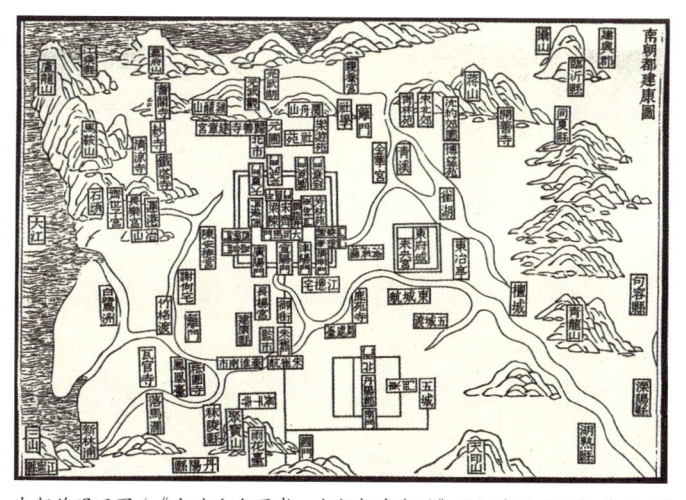

南朝总明观图（《金陵古今图考·南朝都建康图》所标出的冶山即总明观）

者遂无其人"(《宋书·明帝纪》)。

总明观又称"东观"。"东观"之名始见于东汉,是东汉宫廷中贮藏档案、典籍和从事校书、著述、讲学的处所。南朝所立的总明观属于国立的社会科学研究、教育和藏书机构,与国学、太学等又有区别,是中国古代南方最早的社会科学机构。

纵观整个六朝时期,虽然是半壁江山,国力衰弱,战乱频仍,兵戈屡兴,但历代统治者对教育却是十分重视的。六朝最早的国立教育机构早在东吴时就已出现,《建康实录》卷二载:"(黄龙)二年(230)春正月,诏立国学,置都讲祭酒。"永嘉南渡,琅琊王司马睿立国仅8个月,就在征南军司戴邈"宜笃道崇儒,以励风化"的建议下,建立了太学,《晋书·卷六·元帝纪》:"建武元年(317)十一月丁卯,立太学。"六朝的国立教育机构有太学、国学、国子学等称谓,这些机构有时并存,有时又相互代替。这里重点说说总明观的性质、内容和意义。

首先,就总体性质而言,总明观是作为国学的替代物而出现的,它的建立与废止都足以说明这一点。据《南史·王俭传》:"宋时国学颓废,未暇修复,宋明帝泰始六年(470),置总明观以集学士,或谓之东观。"由此可见总明观是由于国学颓废、暂时无法恢复而成立的临时替代机构。而14年后的南齐武帝永明三年(485),又是因为国学已经恢复而废省,"永明三年,国学建,(总明观)省"(《南齐书·百官志》)。

其二，总明观作为中国古代最早的专业分科的社会科学研究教育机构，突破了以往国学专治儒家经典的传统，是古代教育学制上的一次重大改革，其前身则可以追溯到宋文帝元嘉年间的"元嘉四学"。

这里所说的"元嘉四学"，是指刘宋文帝元嘉十五年（438）至十六年（439），宋文帝诏立儒、

宋明帝刘彧

玄、文、史四学馆，"立儒学馆于北郊，命雷次宗居之"，"又命丹阳尹何尚之立玄素学、著作佐郎何承天立史学、司徒参军谢元立文学，各聚门徒，多就业者"（《南史》卷二）。这是在国学未遑修立的情况下，由政府出面，延请各学科代表人物开馆授学的新模式。总明观的建立虽较"元嘉四学"晚了差不多30年，但实际上与之有着一定的传承关系，《资治通鉴》"宋明帝泰始六年"条下引胡三省注曰："文帝元嘉十五年，立儒、玄、文、史四学，今置总明观祭酒以总之。"

自汉武帝采用董仲舒"罢黜百家，独尊儒术"的政策以来，官学教育一直以经学儒术为主要内容，总明观所立的五门学科"儒、道、文、史、阴阳"五部学，虽然仍以

儒学为首，但同时把道（玄）学、文学、史学以及阴阳学与之并立，这不仅在六朝时期可以说是一个开创性的举措，也为后来的隋唐时代专科学校的出现以及分科教育制度的形成开了先河。特别是把文学列为一个独立的专科，置于与儒学并重的地位，从体制上承认了文学与经学相同的资格，让文学之士能够直接为朝廷所任用。隋唐时代所创立的科举取士制度中有以文学取士一途，可以算是这一举措最为显著而意义深远的影响。

值得一提的是：总明观作为国学的替代，理应从事培养学生的教育活动，但实际上，总明观承担了执掌礼仪、编撰文献、文学创作、开设讲座、藏书等诸多职能，却偏偏没有教育学生的相关记载。所以说，总明观应该相当于现在的社会科学研究机构而不是综合大学。

第二节　总明观里的学术活动

据《南齐书·百官志》，总明观设"总明观祭酒一人……玄、儒、文、史四科，科置学士各十人，正令史一人，书令史二人，干一人，门吏一人，典观吏二人"，其中没有学生的编制；《宋书·明帝纪》也直言"征学士以充之"，不言有学生。可见，总明观内除了祭酒、令史、门吏、典观吏等行政人员外，基本构成是各科学士，即在不同专科学有所成的人士，或者用现在的话来讲就是研究人员。

既然总明观是由研究人员而不是学生组成的，那么其所从事的学术活动就比单纯教学重要得多，从文献记载来看，主要有执掌礼仪、编撰文献、文学创作、开设讲座。

其一是执掌礼仪。据《南齐书·百官志》，总明观在"建元中，掌治五礼"，就是说总明观在建元年间负责掌管、制定五礼。建元是南齐高帝萧道成的年号，从公元479年到482年，前后3年有余。所谓"五礼"，始于西周，是指古代的五种礼制，即吉礼、凶礼、军礼、宾礼、嘉礼。吉礼是五礼之冠，主要是对天神、地祇、人鬼的祭祀典礼；嘉礼是和合人际关系，沟通、联络感情的礼仪；宾礼是接待宾客之礼；军礼是军旅操演、征伐之礼；凶礼是哀悯吊唁忧患之礼。无论在哪个朝代，礼仪都是国家最为重要的政治活动之一，作为学术机构的总明观能够承担执掌、制定礼仪的任务，其地位的重要性可见一斑。

其二是编撰文献。这里所说的编撰文献，不是普通的文献，而是由皇帝下令编撰的大型类书。《南史·卷四·齐本纪上》："（齐高帝）……诏东观学士撰《史林》三十篇，魏文帝《皇览》之流也。"《皇览》是魏文帝下令编撰的一部大型类书，包括了五经群书，共分40多部，每部数十篇，共1000多篇，总计800多万字，惜于唐代失传。由皇帝下令编撰大型类书的例子很多，如唐代的《艺文类聚》、宋代的《太平御览》、明代的《永乐大典》都属此类。齐高帝令东观（总明观的别称）学士编撰的《史林》虽然篇幅较短，但也代表了一个时代的短暂辉煌。

其三是文学创作。总明观既然有文学科，自然要进行文学创作。《南史·卷十九·谢超宗传》记载了总明观学士参加"郊庙歌"创作的情况。所谓"郊庙歌"就是朝廷在祭祀天地、宗庙时配乐演唱的乐歌。南齐建国以后，需要创作新的郊庙歌，于是齐高帝就让司徒褚彦回，侍中谢朏，散骑侍郎孔珪，黄门郎谢超宗，总明学士刘融、何法图、何昙秀等人分别创作，最后选用了谢超宗的作品。

其四是开设讲座。总明观开展的讲学活动，是由某位学科带头人主讲，听众多为学者或朝廷百官。

《南齐书·列传二十二·张融传》载"永明二年，总明观讲，敕朝臣集听"，"（张）融扶入就榻，私索酒饮之，难问既毕，乃长叹曰：呜呼！仲尼独何人哉"！张融是宋、齐之际的文学家、玄学家，他在玄学方面的造诣很深，史称其"玄义无师法，而神解过人"。以上所引文献，至少可以说明这样几点：首先，总明观的讲学是由皇帝下敕，令朝臣都要去听的，讲座的内容显然是儒家经典；其次，总明观讲座的课堂纪律还是比较宽松的，所以张融才能偷偷弄点酒来喝；第三，总明观的讲座并不是只管讲，而是可以问难的，就是说你可以向说者提出疑问并反复辩论。简单点说，总明观的讲座还是颇有一点宽松、平等的学术气氛的。

还有一个例子可以作为佐证，据《南齐书》卷五十三载："（裴昭明）从祖弟颙，字彦齐，少有异操，泰始中于总明观听讲，不让刘秉席。"说的是裴昭明的从祖弟裴颙，在总明观听讲座时不给刘秉让座。当时来讲，裴颙不仅年轻，而且没有什么官职，而刘秉则是刘宋皇室成员，宋武帝刘裕的哥哥、长沙王刘道怜的第四子刘义宗的二儿子，袭封侯爵，在泰始年间（465—474）更是历任侍中、左卫将军、丹阳尹、太子詹事、吏部尚书等职，不说是权倾朝野也算是达官显贵。但在总明观听讲座的时候，裴颙就是可以不给刘秉让座，这恰恰反映了总明观的宽松、平等的学术气氛。

总明观的学术活动，还有一项是藏书。《南史·王俭传》记载，南齐永明三年（485）总明观停办时，"于俭宅开学士馆，以总明四部书充之"，可见总明观原有四部藏书。

第三节　总明观里的名家

总明观作为宋、齐之际最为重要的国立学术机构，在其中任职的即便不是博学鸿儒也是一时之秀。但由于存在时间较短，史乘之中并没有留下专门的记录。征诸史籍，查找出了部分曾任总明观祭酒、学士的人物事迹，摘录于下，以飨读者。曾任总明观祭酒的有虞愿、丘灵鞠、刘瓛、王谌，曾为总明观学士的有何佟之、司马宪、刘融、何法图、何昙秀等。

虞愿《南齐书》有传，字士恭，会稽余姚（今浙江余姚）人。刘宋元嘉末年为国子生，后任湘东王常侍，湘东王就是后来的宋明帝。宋明帝即位后，"以愿儒吏学涉，兼蕃国旧恩，意遇甚厚"。这段话的意思是：宋明帝因为虞愿是精通儒学的人才，加上又是自己当藩王时的老部下，所以待他非常好。虞愿历任太常丞、尚书祠部郎、通直散骑侍郎、领五郡中正，并"常值内省"。宋明帝对虞愿极为信任，他晚年十分迷信，对天文灾变之类的事情极为敏感，但他"不信太史，不听外奏"，令主管星相观测的部门派两个人跟着虞愿，有什么情况都由虞愿直接报告。宋明帝重病期间，也是由虞愿在病床前伺候。

虞愿最有名的事迹是他对宋明帝所建的湘宫寺的评价。宋明帝笃信佛教，即位后舍湘东王故宅为寺，故名湘宫寺。寺庙建得极为豪华奢侈，因为宋孝武帝曾建七层宝塔，明帝就想建十层宝塔，但技术上做不到，于是就建两座塔，每座五层。新安太守巢尚之回京述职，拜见明帝，明帝兴致勃勃地对他说："你去看过湘宫寺了吗？我建这座寺，可是有大功德的！"这时虞愿在旁边接话说："陛下起此寺，皆是百姓卖儿贴妇钱，佛若有知，当悲哭哀愍。罪高佛图，有何功德？"

宋明帝死后，虞愿"迁中书郎，领东观祭酒"。南齐建元元年（479）卒，享年54岁。

丘灵鞠，吴兴乌程（今浙江湖州）人，本传见《南齐书》卷五十二。"少好学，善属文"，仕宋历任郡吏、州主簿、员外郎、乌程令，不甚得志。仕齐为中书郎、掌知国史，迁尚书左丞。齐武帝即位后，"转通值常侍，寻领东观祭酒"。丘灵鞠有句名言："人居官愿数迁，使我终身为祭酒，不恨也。"意思是：别人当官，总希望不断升迁。让我当一辈子东观祭酒，我也不会有遗憾。

刘瓛，字子圭，沛国相（今安徽濉溪张集）人，是东晋名士、丹阳尹刘惔的六世孙（《南史·列传四十》）。刘瓛"姿状纤小，儒学冠于当时"，可谓一代儒宗，"京师士子贵游莫不下席受业"。著名的无神论者范缜就是他的学生。刘瓛为人随和平易，不以高名自居，弟子们对他非常爱戴。齐高帝登基，招刘瓛入华林园谈话。高帝问刘瓛治国为政之道，刘瓛答曰："政在孝经，宋氏所以亡，陛下所以得之是也。"高帝大为叹赏，说："儒者之言，可宝万世。"齐高帝之世，以刘瓛兼总明观祭酒。

王谌，字仲和，东海郯（今山东省郯城市）人。曾任徐州主簿、从事、湘东国常侍，历任州、国、府各级，他的上级是湘东王（后来的宋明帝）。王谌"有学义，累为帝蕃佐"，明帝即位后"见亲遇，常在左右"。后来出为临川内史，还为尚书左丞。不久即"以本官领东观祭酒，即明帝所置总明观也"（《南齐书·列传十五》）。

何佟之，字士威，庐江灊（今安徽霍山县）人。庐江何氏在六朝时期属于名门望族，何佟之从小喜爱儒家经典中的"三礼"，"强力专精，手不辍卷"，下过苦功。初入仕途时为扬州从事,同时被选为总明观学士。南齐建武年间(494—498),老一代的儒学大家刘瓛、吴苞等人都已去世,"京邑硕儒,唯佟之而已","当时国家吉凶礼则,皆取决焉,名重于世"。梁天监二年逝世,享年55岁。

司马宪,字景思,河内温(今河南温县)人,说起来也是两晋皇族之后。据《南史·列传第六十二》载,他曾"待诏东观为学士,至殿中郎,口辩有才地,使魏见称于北"。《南齐书》卷九也记载了司马宪作为殿中郎对朝廷礼仪发表的意见。

刘融、何法图、何昙秀三人,据《南史·谢超宗传》,曾以总明学士的身份参加朝廷郊庙歌的创作。三人并无专传,事迹散见史册,仅能略考。

《南史·卷七十二·文学》:"(袁)仲明与刘融、卞铄俱为袁粲所赏,恒在坐席。"

《南史·卷七十·循吏》:"有彭城刘融行乞,疾笃无所归,友人舆送谦舍,谦开听事以受之。及融死,以礼殡葬,众咸服其行义。"

上引两条为刘融事。袁粲于刘宋末年任中书监、司徒、侍中,也算权倾一时。刘融能成为他的座上客,应该说也不错。可是后来袁粲因反对萧道成篡位而被杀,刘融失去了靠山,晚年居然沦落到行乞为生、孤独病死的下场,实在是可悲可叹。

相比之下,何昙秀要好一点,他当过县令。《南齐书·卷五十五·孝义》记载：永兴县（今属安徽九江）有个王氏女，5岁时得了毒病，两目皆盲。性至孝，20岁时父母死，临尸痛哭，眼皆出血，左眼因此能看得到东西，时人都说是因为孝心所致。而当时的县令何昙秀却不将此事上报。

总明观作为中国古代南方最早的国立社会科学机构，不仅在组织机构设置方面打破了儒学独尊的传统，将文学、史学、玄学提高到与儒学同等重要的地位，从而为隋唐以来专科学校的出现开了先河；而且在其存在的短短10余年的时间里，聚集了一大批学有专攻的人才，开展了一系列的学术活动，这也是六朝时期随着社会经济的发展，在文化领域不断获得进步的一种体现。

六朝史籍介绍总明观的情况，并没有明确提到总明观的所在地。最早明确指出总明观位于冶山（今朝天宫所在地）的，是《元至正金陵新志》（以下简称《金陵新志》）。

《金陵新志·宫观》"大元兴永寿宫"条下云："南宋（刘宋）废国学，置总明观，地即吴冶城、晋西州故址。"《金陵新志·古迹》"宋儒玄文史四学"条亦云："（宋）明帝太始六年，置总明观于冶城。"元以后的明清两代，方志和相关文献大抵均据《金陵新志》传写，如《金陵玄观志》卷一直引曰："《金陵志》：南（刘）宋废国学，立总明观，即冶城故址，观征学士充之。"顾起元《客座赘语卷九》有"总明观"条，云："宋明帝六年，立总明观于冶城，征学士充之。"

第四章　隋唐宋元时期的冶山

第一节　道教宫观

自南朝刘宋总明观以后，朝天宫所在的冶山地区开始出现道教宫观。隋唐宋元时期，冶山陆续建有县治、寺庙、

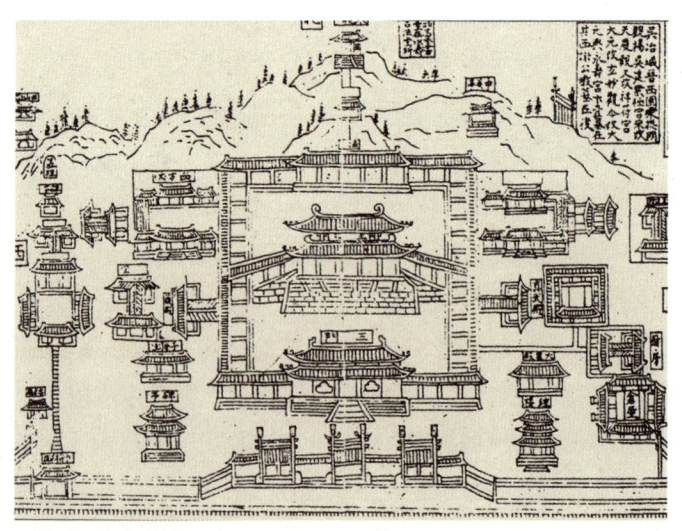

元代冶城永寿宫图

文庙、道观，成为融儒、道、释与一体的名胜之区。唐代冶山之下曾是江宁县县衙所在，后有延祚寺；南唐建有紫极宫；宋代一度曾建为文宣王庙，后为天庆观；元代为大元兴永寿宫。

隋文帝平定江南以后，下诏将建康宫室尽数"平荡耕垦"，取消六朝时期设在南京的州、郡治所，只在石头城内设蒋州，统管三个县（《隋书·地理志》）。唐武德初年曾设扬州大都督府，到武德八年（625）将扬州大都督府迁到江都（今江苏扬州），在南京只保留县级建制。其中，江宁县县治就在冶山东麓，"唐江宁县治在州城西偏，西即吴冶城，东临运渎，天庆观东即其地"（《明正德江宁县志·建置沿革》）。

然而纵观整个隋唐宋元时期，冶山地区以道教宫观存在时间最长、规格最高。

《重刊江宁府志》称冶山"唐为太清宫"，此说恐不确。唐代道教的确十分盛行，李唐王室甚至以老子的后裔自居。唐高宗乾封元年（666）二月追封老子为"太上玄元皇帝"（《旧唐书·高宗纪》），唐玄宗天宝二年（743）正月加尊号"大圣祖"三字，天宝八年（749）六月又加尊号为"圣祖大道玄元皇帝"（《旧唐书·玄宗纪》）。玄宗时，还令天下诸州各建老子庙，将西京（今西安）的老子庙改称"太清宫"，东京（今洛阳）的称为"太微宫"，而天下诸州所建的老子庙则统一称为"紫极宫"（《旧唐书》卷二十八)。由此可见,即使唐代在冶山建有道观,也只是叫"紫极宫"而非"太清宫"。

冶山地区最早有明确记载的道观出现在五代十国的杨吴时期。据《景定建康志》:"后梁龙德元年,杨氏据吴,改建为紫极宫。"这里说的是龙德元年(921),亦即杨吴武义三年(同年改元顺义),在冶山修建了紫极宫。当时的紫极宫分为东西两路,除了相关的道教建筑以外,东面是"吴王铸剑之所",西面则是"郭文举之故台"。

紫极宫到了北宋,在宋真宗大中祥符年间(1008—1016),由皇帝赐额,改称"祥符宫",很快又改为"天庆观"。宋代道教盛行,各朝帝王中笃信道教者甚多,宋徽宗甚至自称"教主道君皇帝"。宋真宗对道教也十分崇信,遂于大中祥符二年(1009)冬十月"诏天下置天庆观",即要求全国各州、府、县都要建一座天庆观,而南京的天庆观就选定在冶山。北宋的天庆观,有太乙殿、太乙泉、竹轩、北极坛等建筑和景点。

南宋初年,天庆观毁于建炎年间(1127—1130)的兵火。据《景定建康志》所收南宋章公权撰写的《天庆观记》,天庆观原来的道士们,"结茅居、奉香火,垂二十年"。直到绍兴十七年(1147),建康留守晁之谦报经朝廷批准,才加以重修。到宋理宗淳祐年间(1241—1252),建康留守别之杰倡议捐资加以扩建,自淳祐元年辛丑至淳祐十一年辛亥,工程前后历时12年方始完成。此次完成复建的天庆观，增加了圣祖殿、冶城楼、竹亭等建筑，"其东境界清特，其西为冶城楼，地势高，楼又高，实留都绝境"，"见者咸曰壮哉"。

有宋一朝，南京冶山天庆观以风景幽雅著称，吸引了为数众多的文人墨客来此登临游历，留下了丰富多彩的人文掌故。宋徽宗时曾任兵部侍郎的陈轩在他的《金陵集》中，记载了这样一个充满神秘色彩的故事：话说狄咸（字伯通，官建康府通判）、郭祥正（北宋诗人，字功父，自号谢公山人）二人，一日同游天庆观、竹轩。在那里看到了王安石的题字、苏轼的书法、苏辙的题诗，郭祥正兴致很高，当场和诗一首，题写在墙壁上，诗中有"老鹤唳风"之句。还没等诗写完，突然间有几十只白鹤飞来，落在北极坛上徘徊、翔舞，良久乃去……

宋元鼎革之际，天庆观倒也没受多大破坏，只有冶城楼废毁，但很快就另建了一座"冶亭"。到元成宗元贞年间（1295—1296），改称"玄妙观"。元文宗天历元年（1328）升格为"大元兴永寿宫"（敕建），并将冶亭改称为"飞龙亭"。

玄妙观的地位之所以这么提高，与元代第八任皇帝元文宗图帖睦尔有着直接的关系。元文宗全名孛儿只斤·图帖睦尔（1304—1332），曾于元泰定二年（1325）至天历元年（1328）以藩王身份在南京居住。

元文宗年轻时候不太顺利，他是元武宗的次子。元武

宗死后并没有传位给儿子，而是由他的弟弟即位，是为元仁宗。这样一来武宗的两个儿子就成了不安定因素，于是老大被发配到外蒙古，"居于朔漠"，而元文宗则在仁宗太子英宗即位后被安置在海南琼州（今海南岛）。一直到英宗死后，泰定帝登基才"落实政策"，于"（泰定元年）十月，封怀王，赐黄金印"，但是很快"二年正月，又命出居于建康"（《元史·文宗纪》）。

元文宗在南京的府邸就在冶山东侧大约今南京江苏省委党校一带，现在朝天宫东侧的王府大街即得名于此。因为离得近，元文宗经常到玄妙观去，与住持道士赵嗣祺、陈宝琳谈天论道，赵、陈二人"应对称旨"，颇受赏识。

有一次，文宗预先派人通知说自己要来了，观里的道士还有王府的侍从官都准备好接待的仪仗到正门前等候，哪知道元文宗已经从后山上了冶亭，还跟住持道人陈宝琳开玩笑说："道人何避客之久也？"元文宗又对宝琳说："吾出游数劳人，不如山行之便，可作柴门，以待予之往来。"（《金陵玄观志》卷一）从那以后，元文宗又多次微服前来玄妙观。宝琳道人也是豪爽之人，见到文宗如此乐而忘返，也就忘记了两人的身份差距，"或持酒引裾，欣然为留"。

有一次元文宗问宝琳道人为何表字"玉林"，宝琳答道："我们道士烧金石来炼丹，各种材料炼化时在丹鼎中会呈现出玉林琼林之状，所以我以此为字。"元文宗说："冬天下雪时，我登上冶亭，目力所及，所有树木都像白玉一般，这不是更形象吗？"于是让宝琳改字"雪林"。

天历元年（1328），元文宗被拥立为帝。为纪念自己在南京的这段日子，很快就下诏将潜邸（皇帝登基前的住所）改建成"大龙翔集庆寺"，将玄妙观升格为"大元兴永寿宫"，将冶亭改称"飞龙亭"。又命赵嗣祺、陈宝琳进京朝见，赐以道号，赵嗣祺号"虚一先生"、陈宝琳号"虚白先生"。

对大元兴永寿宫的改建，经费出自江南行御史台收到的"赃罚钞"。因为已将冶亭改为飞龙亭，所以又另建了冶亭、钟英亭，都是建在冶山风景最好的地方。改建飞龙亭时，不仅增加了楹柱、檐角的装饰，还在亭中专门摆了一组御座以示纪念。天历二年（1329），元文宗又追加建设经费，确保工程竣工，让匠作监派高手匠人为永寿宫塑造天神像，还多次赐给金幡、宝香等宝物用以供奉。

大元兴永寿宫作为皇家敕建道观，无论规格、等级都是当时南京最高的，而且始终受到皇室的重视。（后）至元二年（1336），即元文宗死后的第四年，当时在位的元

顺帝还专门发布诏书，要求将永寿宫住持的先后继承次序排好以备审议。

纵观隋唐宋元的千年历史，冶山地区成了以道教宫观为主的风景名胜之区，许多文化名人都曾到此游历、盘桓，留下了为数众多的诗文佳作。

李白

唐代，诗仙李白曾登临冶山，写下了《登金陵冶城西北谢安墩》一诗，其中的名句有：

> 冶城访古迹，犹有谢安墩。
> 凭览周地险，高标绝人喧。
> 想象东山姿，缅怀右军言。
> ……

据今人詹锳《李白诗文系年》考证，李白的这首诗当作于唐肃宗至德元年（756）。

中晚唐大诗人刘禹锡也曾为冶山题诗《金陵怀古》：

> 潮满冶城渚，日斜征虏亭。
> 蔡洲新草绿，幕府旧烟青。
> 兴废由人事，山川空地形。

后庭花一曲,幽怨不堪听。

宋代,前来冶山天庆观游赏并留下佳作的更有王安石、苏轼、苏辙、陆游以及民族英雄文天祥等人。

王安石曾三任江宁(今南京)知府,与南京结下了不解之缘。宋英宗治平二年(1065),作《乙巳九月登冶城作》:

欲望钟山岑,因知冶城路。
跻攀隐木杪,稍记曾游处。
红沉渚上日,苍起榛中雾。
即事有哀伤,山川自如故。

苏轼曾应天庆观道士山宗说之请,赋诗一首:

刘禹锡 　　王安石 　　苏轼

> 春风吹动北风微，归雁亭边送雁归。
> 蜀客南游家最远，吴山寒尽雪先稀。
> 扁舟去后花絮乱，五马来时宾从非。
> 惟有道人应不忘，抱琴无语立斜晖。

这首诗影响很大，到清代，乾隆帝为朝天宫题写的五首诗中，有两首就是步此诗韵而作的。

苏辙作《和孔武仲金陵九咏》，吟咏南京的九处名胜，包括白鹭亭、凤凰台、定林院、八功德泉等，其中有咏天庆观的：

> 兴废不可必，冶城今静祠。
> 松声闻道路，竹色净轩墀。
> 江近风云改，亭深草木滋。
> 孤坟吊遗直，狂暗闵元规。

陆游

陆游曾于南宋乾道六年（1170）游览天庆观。在他的《入蜀记》中有这样的记载：

> （乾道六年七月）七日早，游天庆观，在冶城山之麓。地理家以为此山脉络自蒋山来，不可

知也。吴、晋间,城垒大抵多因山为之……

南宋末年,民族英雄文天祥抗元兵败被俘,在被押往元大都的途中经过南京,住在金陵驿。金陵驿,一说就在冶山之下。据《至正金陵新志》卷三:"先是,文天祥为元帅张弘范所执……道经建康……与礼部侍郎邓光荐宿留驿中数日,集有天庆观所作诗,时已有必先社稷之志云。"

文天祥

邓光荐,景定三年(1262)进士,宋末为礼部侍郎,是文天祥的好友。崖山之战,邓光荐投海自杀不成被俘,后与文天祥一同被押往大都。途经南京时,因病留住天庆观修养,文天祥赋诗留别,继续北行。文天祥留下的就是那首著名的《酹江月·和友驿中言别》:

乾坤能大,算蛟龙、元不是池中物。风雨牢愁无着处,更那寒虫四壁。横槊题诗,登楼作赋,万事空中雪。江流如此,方来还有英杰?

堪笑一叶飘零,重来淮水,正凉风新发。镜里朱颜都变尽,只有丹心难灭。去去龙沙,向江山回首,青山如发。故人应念，杜鹃枝上残月。

文天祥在这首词中，表明了自己的心迹。尽管迭遭挫折，最后失败，仍然要做英雄人物，不向元统治者低头。虽然人形憔悴，而丹心不改。又以杜鹃啼血自况，所以《金陵新志》称其"有必先社稷之志"。

第二节　冶山名寺

寺庙方面，唐代在冶山有一座南朝刘宋时期始建，一直延续到明代的寺庙——延祚寺。

据宋代《景定建康志》卷四十六称，南朝宋明帝太始（当为泰始）年间（465—471），建康城中的某位居人"舍宅建精舍，号延祚寺"。寺内除法堂、佛殿外，还建有可能是作为观景平台的延祚寺阁，梁代诗人何逊曾有《登延祚寺阁》诗。

梁代"侯景之乱"时，侯景曾派他的同党宋长贵驻守延祚寺，对抗王僧辩的讨伐军（《梁书·侯景传》）。

到了唐代，金陵出了位高僧，出生时就双目失明，但天生凤惠，对佛教的经论文字"悉能明了"。当时的人们都说他开了"天眼"，于是被称为"灵智禅师"，又号称"罗睺和尚"，大家还为他在延祚寺内建塔供奉。到唐僖宗广明年间，延祚寺得到了皇帝的赐额。

延祚寺之名历经残唐五代，一直延续到宋代。据方志记载，延祚寺有经幢一座，镌刻的铭文为"金陵府延祚院寺"。南京被称为"金陵府"最早是在五代十国时的杨吴武义二年（920），"改升州大都督府为金陵府，拜徐温金陵尹"（《新五代史》卷六十一）。而且，寺内有水井11口，其中最大的1口井号称"百丈泉"，井栏上的铭文是南唐中主李璟保大元年（943）所刻。

北宋时期，延祚寺的佛殿前有铁塔两座，其上铸有铭文曰"乾兴元年造"。"乾兴"为宋真宗末年年号，"乾兴元年"即公元1022年。到宋神宗熙宁年间（1068—1077），延祚寺经皇帝赐名改称"正觉寺"，寺内的宝塔也被赐名为"普照塔"。熙宁年间两次被罢相、退居江宁的北宋名臣王安石曾在正觉寺西侧建有书院，书院内有轩，名为"择龙轩"。

到了南宋建炎三年（1129），驻跸南京的宋高宗在正觉寺法堂的西侧为年方3岁、惊悸而死的元懿太子建立攒宫（古代帝王暂时殡葬之地），另在寺院东侧复建延祚寺阁。当时来此游赏题咏的名人很多，其中包括曾极、刘克庄等著名诗人。

到明代，正觉寺只有寺塔尚存。明《洪武京城图志》记载："铁塔寺在朝天宫后冈上，宋太（泰）始中建，号延祚寺。唐时建塔寺内。宋名寺曰正觉，塔曰普照。今有塔无寺。"据《南朝佛寺志》，正觉寺塔到清代，"为雷震所坏"。

甘熙《白下琐言》记载了清嘉庆十九年（1814）的一桩与铁塔寺有关的事情：铁塔寺在朝天宫后山，而后山东麓屡屡被人偷偷取土，挖得快成了断凹之地。当地人认为严重破坏风水，于是大家凑钱找人从西麓挖土补上。才挖了一丈多深，就露出一条古隧道，尽头有石门，门已经开了，再里面就看不清楚了。当时牵头搞这个工程的是前任句容县令，叫郑之濂，他就让工人把挖开的隧道给填埋回去了。到晚上，这位郑县令居然梦到一位身穿古衣冠的少年向他鞠躬。甘熙认为，从开挖的位置来看，应该就是南宋元懿太子的攒宫。

值得一提的是：2005年，南京市博物馆在安乐园建设工地（在今冶山东北角）进行考古发掘时，发现古代水井10余口，清理发掘出宋代至明代的一批文物标本，与方志记载相印证，可初步推断为正觉寺遗址。

除了延祚寺，元代在冶山东侧，即今江苏省委党校至张府园一带，还有一座大龙翔集庆寺。史载，元致和元年（1328）七月，泰定帝崩。九月，以"怀王"封号在建康、隐居4年之久的图帖睦尔即位于大都，是为元文宗，改元天历。次年（1329）三月，他下令改"建康曰集庆"，同时又命"改集庆潜邸，建大龙翔集庆寺，以来岁兴工"（《元史·文宗纪》），"土木瓦石丹垩金碧之需，财自内出。不涉经费，工以庸给役"。经过"不十月而落成，其布画规度，悉按京都而江南或未睹"。并请当时大书法家、翰林侍讲学士虞集撰写碑文一方，立于寺前，"其大殿曰大觉之殿，后殿曰五方调御之殿"，并有"正宗堂""雷音堂""龙藏殿""香积殿"等建筑。"鼓钟之宜、金榖之委，各有其所。绕以垣虎，辟之三门。而佛菩萨天人之像，设缨益床，严饰之具，华灯音乐之举。与凡所宜有者，皆致精备，以称上意焉。"（《至正金陵新志》）可见这是一座皇帝敕建、工部督造，规制宏大、装饰精致的寺院。明洪武元年（1368）春，明太祖朱元璋下令将寺名改为天界寺。洪武二十一年（1388），寺内发生大火，全寺尽毁，新寺改建于中华门外，其旧址上再未建任何官府建筑，而渐被民居所取代。

第三节 文宣王庙

说完寺庙，再说文庙。文庙全称"文宣王庙"，是祭祀孔子的地方。"文宣王"是唐开元二十七年（739）唐玄宗追谥孔子的封号，自此孔庙又被称为"文宣王庙"。南京目前文献所见最早的文宣王庙就在冶山，宋代《景定建康志·儒学志》记载："雍熙中有文宣王庙，在府治西北三里，冶城故基。"雍熙（984—987）是宋太宗的第二个年号。到宋仁宗天圣七年（1029），太守张士逊"奏徙庙于浮桥东北"；景祐年间（1034—1037），"又徙于府治之东南"，也就是现今南京秦淮河夫子庙所在地。

第五章　明代的朝天宫

第一节　太祖赐名

公元 1368 年，明太祖朱元璋建立大明王朝，定都南京后，用了 20 多年的时间，对南京进行了全面的规划建设。除了建造皇宫、城墙，对市区进行功能划分之外，还建造了包括天坛、地坛、太庙、明孝陵等大批礼制建筑。在这样一个时代背景下，朝天宫迎来了其古代发展变迁史上最辉煌的时期。

南京民间传说，元代流传下来的玄妙观（元代建于冶山）所制作的素膳十分鲜美，非常好吃，明太祖十分喜爱，欲求其配方而不可得。正宫皇后马娘娘就暗中派遣一名小太监，乔装成小道士前往玄妙观挂单，设法偷学。后来小太监发现玄妙观道士们每次用正常方法做好素膳后都要往上面撒一种粉末，就偷偷拿了一点这样的粉末回来。经过检验，发现这种粉末是用鸟雀的肉炸干以后磨成的，这说明玄妙观的素膳违规加了荤腥。明太祖觉得受了愚弄，一怒之下把玄妙观没收充公，改建成朝天宫（《南京民间故事》，江苏古籍出版社，1990年出版）。

据《明太祖实录》：洪武十七年（1384），朱元璋下诏对位于冶山的元代大元兴永寿宫加以改建，赐名为朝天宫。朝天宫是当时明王朝皇室和王公贵族焚香祈福的道教道场，属于皇家寺观。同时，在三大节（正旦即春节、冬至、圣节即皇帝生日）举行朝贺大典之前，文武百官先期演习朝拜天子礼仪的场所也设在朝天宫（《明会要》）。

明代的朝天宫是当时南京地区规模最大的道教宫观，并且由于其为明太祖钦定作为朝会大典前百官习仪的场所，所以等级也最高，是"太祖高皇帝创建焚修之所，每遇大节，行庆贺礼，文武百僚习仪于斯，非他祠宇比也"（《金陵玄观志卷一·护本宫敕》）。因此，朝天宫与明皇室的关系十分密切，官方色彩非常浓厚。

不仅朝天宫之名是明太祖钦赐，成化年间的重修用上了大内建筑的备用材料，而且在成化年间重修完成后，明宪宗还先后颁布了《护道藏敕》《敕护西山道院》《护本宫敕》等三个正式文件对朝天宫的各种权益加以保护，宣布："今后官豪势要诸色人等，不许纵放车马，秽污奉祀之所；侵占芦场，有缺修葺之需。若有不遵朕命者，事发必罪不宥。"

除此之外，还有两个民间传说足以佐证朝天宫与明皇室的密切关系。第一则出自清代甘熙的《白下琐言》，其卷四云："朝天宫……世传三清殿下，为明祖真葬处。"就是说，民间传言，朝天宫三清殿下才是明太祖朱元璋真正安葬的地方。其二，民间传说燕王"靖难之役"兵临南京时，建文帝意欲出亡，宫中旧人记起明太祖临终前曾留下一个盒子，里面有"玉牒金刀"，建文遂落发为僧，从秘道出宫，经朝天宫，从水西门逃出南京城（此为传说，按《明史纪事本末·建文逊国》，建文落发出逃经过的是当时与朝天宫并列的南京两大道观之一的神乐观）。

第二节　重修朝天宫

明英宗天顺五年（1461），朝天宫失火，主要建筑被焚毁。"五年三月丁卯，南京朝天宫灾。"（《明史·五行二》）

据《金陵玄观志》记载：明宪宗成化六年（1470），

《金陵玄观志》所绘朝天宫

吏部尚书邹干推荐右玄义（掌管道教事务的官名）道士李靖观担任朝天宫住持，负责重修朝天宫。李靖观受命以后，将朝天宫历年来积蓄的香火斋粮和历年收取的芦场收获变卖现钱，再买来建材，组织工人，准备施工。将此情况报告朝廷后，明宪宗朱见深特别下诏，命令工部调拨为建造内廷而烧制的黑绿琉璃砖瓦30余万块和一批木料、植物，并安排民工、军夫和工匠协助施工。此次重修，自成化六年（1470）至成化十二年（1476），历时7年。

重修以后的朝天宫，"垒拱层檐，琉璃闪映，备极雄观"，除了将洪武时期的"飞龙亭"改建为"万岁殿"外，基本格局和主要建筑都与明初保持一致，正所谓"规制悉遵于旧而仑奂有加于前"。明代的朝天宫占地面积20万平方米，由南往北前后分为五进。

第一进为山门。当时大山门朝东，在门前大街的南北两端，各有牌坊一座，分别题名为"朝天宫"和"蓬莱真境"。大山门有官将殿一座（三间）、左右碑亭各一座；二山门有官将殿一座（三间），左有真官堂一座，右有土地堂一座。

明代朝天宫的山门是朝东的，按其位置，当在今王府大街南端；其二重山门的位置，大体应在今朝天宫东墙到王府大街南口之间，即今江苏省昆剧院所在地一带。现在的朝天宫经过清代的重修，面貌已经有所改变，两重山门和真官堂、土地堂、碑亭等建筑均已不存，只有两个碑亭里的碑还能找到踪影。

原在朝天宫2号大院内的明代《奉敕重建朝天宫碑》至今尚存。1999年，朝天宫东侧园林整修时，在其北侧50米左右的地方发现了石质龟趺、碑帽各一，形制与两碑相同，但碑身不存。据此可以确定，《奉敕重建朝天宫碑》为右碑，1999年发现的龟趺为左碑，而两者之间就是明代朝天宫的主入口了。现今（主要是清代遗存）的主入口向南偏移了10多米。

要说明代朝天宫大山门内的这一对石碑，可是大大的有名。到了晚清，"物久则灵"，居然成为妇女祈求保佑孩童的灵物了。晚清陈作霖《炳烛里谈》记载"朝天宫负

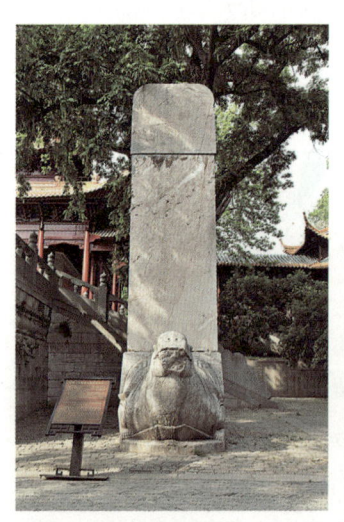

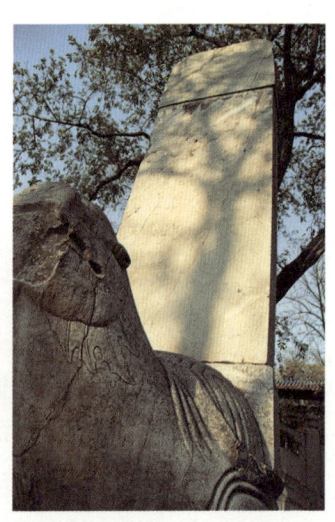

《奉敕重建朝天宫碑》　　明代《重建朝天宫碑》的赑屃

碑二赑屃，自明至今，几六百年，石尚完固。近见妇女焚香，朔望最盛"，云云。

过了两重山门，有一条两侧宫墙壁立的石板路，蜿蜒曲折宛如迷宫，名为"九湖湾"。入口在东，出口朝北，来到二进广场，豁然开阔。可以想象，当时的香客游人从东往西，沿着"九湖湾"曲折通幽的夹墙小路，转而向北，豁然望见第二进高大雄伟的殿堂。此种布局充分体现了中国古代传统园林美学注重气氛营造、引人入胜的审美情趣，令人不得不敬佩当时营造者的独具匠心。

从"九湖湾"的出口向北，就是第二进的神君殿。神君殿面阔五间，飞檐翘角，形制轻盈华丽，殿内供奉有道教神君。两侧有厢房，当时设公学，即官办学塾，额定学童100名。

过神君殿沿着山势北上，中有青石铺路，两侧各有偏殿三座。东侧为景德、普济、显应三殿，西侧为宝藏、总制、威灵三殿。这些殿宇内供奉了哪种神像已无从查考，但总归是一些道教的神仙，其中威灵殿可能供的是应天府城隍。据记载，明洪武二年（1369），朱元璋大封城隍，敕京都、开封等地城隍为王，官级正一品；府城隍为威灵公，官正二品。殿宇以威灵为名，供城隍的可能性很大。这六座偏殿皆用黑绿琉璃瓦覆顶，并安装有吞脊吻兽，形态生动，色彩绚丽。

六偏殿再向北，拾级而登，即是朝天宫的主体建筑之

一 "三清正殿"。

三清正殿面阔七间，进深五进。白石为台，周以石栏，殿顶用重檐歇山式，四梁八脊，上用黄绿琉璃瓦。三清正殿内供奉道教三清圣像，即玉清、上清、太清三位尊神。三清在道教神仙体系中属于主神。按照道教的说法，天地诞生之初，由混沌之中的始青之气，化生出天宝君，又称元始天尊，因居于玉清圣境的清微天宫，故称玉清；由混沌之中的元黄之气，化生出灵宝君，又称灵宝天尊，因居于上清真境的禹余天宫，故称上清；由混沌之中的玄白之气，化生出神宝君，又称道德天尊，即老子，因居于太清仙境的大赤天宫，故称太清。

三清正殿背后，是一个长方形的广场，即第四进。广场东、西各有配殿，东面为三官殿，殿内供奉道教三官大帝。三官大帝是早期道教尊奉的三位天神，指天官、地官和水官。中国上古就有祭天、祭地和祭水的礼仪，《仪礼》中有"祭天燔柴，祭山丘陵升，祭川沉，祭地瘗"的说法。东汉时，张陵创立五斗米道，就以祭祀天、地、水"三官"，上"三官手书"作为道教徒请祷治病的方法："书病人姓名，说服罪之意。作三通，其一上之天，着山上；其一埋之地；其一沉之水。谓之三官手书。"(《三国志·魏志·张鲁传》)南北朝时天、地、水"三官神"和上、中、下"三元神"合而为一，所以又称"三元"。另一说天官为唐尧，地官为虞舜，水官为大禹。民间传说，天官赐福，地官赦罪，水官解厄。

广场西面的配殿为四圣殿，供奉道教四圣。四圣是道教神系中北极紫微大帝麾下的四大元帅，又称"北极四圣"，分别是天蓬元帅、天猷元帅、翊圣元帅和真武元帅（后来升格为真武大帝）。四圣是道教的护法神将，主要负责降妖除魔，这里面的天蓬元帅不知是不是《西游记》里面的猪八戒。

明代洪武年间和永乐北迁之前，每逢三大节前，文武百官都要先期在朝天宫演习朝拜天子的礼仪。"凡祭祀，先期三日及二日，百官习仪于朝天宫。"（《明史·礼一》）三清正殿背后的长方形广场，正是当年文武官员演习进退起止礼仪的场所。永乐北迁后，此处仍为"南六部"官员演礼之所（《明会要》）。

长方形广场以北，坐落于二重白石台基之上的，是大通明宝殿，系明代朝天宫的主体建筑之一。大通明宝殿五进七间，用重檐歇山顶，覆黄绿琉璃瓦，殿内供奉玉皇大帝圣像。玉皇大帝是道教主神之一，全称"昊天金阙无上至尊玉皇大帝"，为总执天道之神，与中央紫微北极大帝、勾陈上宫天皇大帝、承天效法后土皇地祇合称"四御"，是辅佐"三清"的四位尊神。

大通明宝殿后，元代天历二年（1329）建有飞龙亭，传明太祖朱元璋曾在此更衣（《金陵玄观志·卷一·游冶城山记》）。洪武年间建朝天宫时，其名未改。成化年重修时,"新建黑绿琉璃两副檐殿三间,奏改为万岁殿"(《金陵玄观志·卷一·奉敕重建朝天宫碑》)。万岁殿是整个朝天宫古建筑群的制高点,"据高阜之巅"。

明代的朝天宫依山而建,前后分为五进,主要建筑之间建有回廊,自神君殿直至万岁殿,共用84对楹柱,沿山势曲折而上,号称"九曲廊"。沿九曲廊登临,可以使游人免于日晒雨淋之苦。

除了上述主要建筑之外,当时的朝天宫东侧还有飞霞阁、景阳阁、全真堂、火星殿、白鹤楼、道录司,西侧有西山道院、卞壶祠等一系列附属建筑。据《金陵玄观志》统计,明代朝天宫建筑群共有大小殿堂30余组,各类道士修行所居的静室82房。

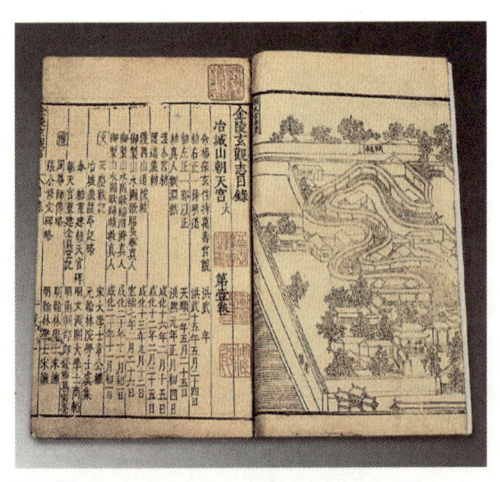

明代《金陵玄观志》介绍的朝天宫

其中全真堂是直接承载六朝遗迹的一个重要地点。全真堂之名见于明成化年间，于万历年间（1573—1619）又经重建，按其堂址，则"故吴王冶处，有铸剑池；晋王丞相导西园，郭文举读书园中，有读书台；又为冶城楼，谢太傅安、王右军羲之登焉，超然有高世之志，皆即其处也"（《金陵玄观志》卷一）。

第三节　西山道院

西山道院位于冶山之西，是明初太祖朱元璋为长春真人刘渊然所建的修行之地，明太祖本人也曾于洪武戊寅即洪武三十一年（1398）驾临西山道院，接见刘渊然。

刘渊然（1351—1432），萧县（今安徽萧县）人，一说为赣县（今江西赣县）人，《明史》有传。道号体玄子，幼年在祥符宫出家为道士，师事胡、张二师得符法，后又拜全真派名家赵宜真（道号原阳子）为师，得授金火返还大丹之诀，诸阶符箓，净明秘奥。不仅得全真、清微二派之传，且被尊为净明道第六代嗣师，以能呼招风雷、道法尊妙而名扬四方。

洪武二十三年（1390），刘渊然在前往江西龙虎山参拜的途中，路过南昌。当时南昌地区遭遇大旱，当地官员、士绅恳请真人作法求雨，刘渊然为之施法，"即日甘雨如澍"。

洪武二十六年（1393）明太祖朱元璋将他召入禁中，

"屡问天人相与，果何所感"，又"试之符法，无不验者"，遂赐以法剑，号为"高道"，请其在南京朝天宫西山道院居住。又手诏命其"游名山洞府，求谒神人"（《金陵玄观志》卷一）。

永乐（1403—1424）年间，随明成祖朱棣入北京，升左正一，赐"真人"号，奉敕建金箓大斋七昼夜。刘渊然性情耿直，得罪权贵，被谪置龙虎山，再谪至云南龙泉观3年。明仁宗朱高炽即位，于洪熙元年（1425）召还，住洞阳观，赐"冲虚至道玄妙无为光范演教长春真人"，给二品印，与龙虎山张真人同等，主营天下道教事。

宣德（1426—1435）初年，明宣宗朱瞻基晋其"大真人"号，赐法衣宝剑。晚年告老离朝，居南京朝天宫，荐其徒邵以正以代。及卒，宣宗命在内廷立碑，以资表彰。

刘渊然虽兼修全真、正一两派，但以符箓道术见长，被视为正一道士，就连龙虎山第三十四代天师张宇初也曾"受道法于长春真人刘渊然"（《明史·方技》）。谪居云南期间曾对道教在云南的发展有贡献，命其徒阐道云南，还奏立大理、云南、金齿三府道纪司。史称其"每与同辈处，语及修行，辄举忠孝为立本"。《明史》卷二百九十九《张正常传》称他"有道术"，为人清静自守，不干世事，故为"累朝所礼"。

刘渊然也留下了不少事迹。明代周晖《金陵琐事》卷四记载了这样几件事：

洪武年间，马皇后生了病，"病渴思雪"，刘渊然"六月祈雪进之"。

永乐年间，被贬往云南，云南沐王府宫中闹鬼，"群鬼白日迷人索命"，刘渊然作法驱之，群鬼即"号泣而去"。

宣德七年（1432）八月八日一大早，真人自知大限已到，沐浴更衣，召集徒众宣布："吾将逝矣。"到了中午，遂以手画圈，飘然坐化。

刘渊然坐化以后，朝廷敕赐祭葬，墓地在凤台门外七真观的麻田里。奉旨主持丧事的钦差和负责营造墓穴的官员分别找了一个看风水的来选墓址，两人发生了争执，一个说墓穴要在约1.67米以上，一个说要在约1.67米以下，钦差就选了一个折中方案。照这样挖下去，在选定的墓坑里发现了一个石盒，盒子里装着一顶玉冠，盒盖上刻着"刘真人玉冠"5个字。如果按照看风水的建议，就发现不了这个玉冠，刘渊然真人连坐化后的葬地都有如此因缘，可谓"神迹"。

到了清代，甘熙的《白下琐言》记载了在钟山发现刘渊然"告天文"石刻的事情。《白下琐言》卷七记载：乾隆四十二年（1777），有砍柴的樵夫在钟山发现了"前明朝天宫道士刘渊然钟山告天文石刻"，为"追荐、设醮"之文。

第四节 道录司

明朝政府把主管全国道教事务的机构"道录司"设在朝天宫东侧，建有大门、正厅以及一些办公用房。道录司于明洪武十五年（1382）始置，属礼部，主要官职有正印、副印、左右正一、左右演法、左右玄义等。朝天宫的住持道人循例可以兼任道录司的左右正一或左右玄义。

明代为了加强对宗教事务的管理，在朝廷分别建立了主管佛教、道教的政府机构僧录司、道录司，在基层则建立了大寺（观）管中寺（观）、中寺（观）管小寺（观）的金字塔形管理结构。作为明代南京最大的道教宫观，朝天宫的地位非常重要。据《金陵玄观志》载，朝天宫下辖中观11座，分别为灵应观、卢龙观、洞神宫、清源观、仙鹤观、朝真观、洞玄观、玉虚观、祠山庙、移忠观、佑圣观，以上诸观现均已不存或仅存地望。

此外，朝天宫当时"额定领粮牒道士"（即常年专业修行）人数多达200人，额定公学（位于神君殿两旁的官办学塾）学童100人，云游道士不计其数。为了维持朝天宫内道士、学童的日常生活开支和保证道教法事等各种宗教活动的进行，除由皇室和达官贵族不定期捐施香金外，明朝政府还专门划拨出大片田地、沙洲和山塘，作为朝天宫的庙产。在当时南京龙江关外的白沙洲（离朝天宫陆路15千米），划出芦苇地133万多平方米，每年收入白银400余两；在距离朝天宫陆路130千米的溧阳庄、距离朝天宫陆路270千米的大仓庄，共有田地近333万平方米，每年可得租米90000千克；另有南京城内乌龙潭池塘面积6万多平方米。这些都是朝天宫的庙产。

第六章　冶城西峙似前朝

第一节　清代的朝天宫

清顺治二年（1645），清兵下江南，南京不战而降。改南直隶为江南省，应天府为江宁府。1649年，清设两江总督于江宁，南京遂成为有清一代的东南重镇。明清鼎革之际，南京未遭受大的战火兵燹，明代盛极一时的朝天宫也得以比较完整地保留下来。

清代南京朝天宫的建筑格局与明代大体一致，据《运渎桥道小志》记载，除了山门以外，主要分为三进，"前重

大成门北侧的银杏树，传为明太祖手植

为神君殿,中为三清殿,后为玉皇阁,皆高台纳陛,翼以长廊",另外还有"飞云、飞霞、景阳三阁,矗立于其东"。

朝天宫西山还有一座三皇阁,"三皇"一般多指伏羲、神农和黄帝。据说三皇阁里有一件宝贝,是一具铜人,"长六尺余,裸体赤足,腰著短裤,周身穴孔历历可识,相传为元代所铸,惜无年月款识可考。前明医官常居阁中,故有是物。三皇中有神农氏,乃医官所奉也"(《白下琐言》卷六)。

这铜人身上的穴位是可以治病的。《金陵待征录》云:"朝天宫有铜人一具,遍体有孔,皆穴道也。炷香验之,脉络交通。依法用针,病患立愈。"可惜的是:到了嘉庆年间(1796—1820),三皇阁失火,穴道铜人被烧得通红,虽然被人抢救出来没有彻底毁掉,但铜人身上的穴道、注解什么的却大多漫漶不清了。

清代朝天宫发生的大事主要有这样几件。第一件是清初道教全真道龙门派大师王常月在朝天宫设坛传戒。

清初鼎革之际,不少明季遗民耻于剃发易服,宁愿遁入佛寺、道观,道教两大派之一的全真派渐渐显露出了中兴之象。全真道派中的主流龙门派更是得到了清廷的扶持与保护。顺治十三年(1656),王常月奉旨主持北京白云观,方始开坛授戒,即度化弟子千人。

王常月(?—1680),山西长治人,道号昆阳子。师事龙门派第六代律师赵复阳,得秘授戒律。强调"欲修仙道，先修人道"，提出"持戒第一"的修行观点。王常月开创了道教"律宗"，公开讲授戒律心法，使当时的全真道风为之一新，道教再次出现复兴局面。在他的影响之下，相继出现了一批龙门高道，而且他不辞辛苦，率弟子詹椿、邵守善等人长途跋涉，南下至江苏的南京、浙江的杭州、湖州和湖北的武当山等地开坛说戒，收得了大批弟子，许多原属正一派的名山也陆续改易门庭，成了全真龙门派的丛林。

清代画家所绘的冶城图

康熙二年（1663），王常月至金陵冶山道院（朝天宫）立坛授戒，得其传戒的弟子多达万人。其弟子詹椿、邵守善等人将其所传道法，汇编成册，名为《碧苑坛经》，或称《龙门心法》。

第二件大事就是康、乾二帝南巡莅临朝天宫。

康熙

清康熙二十三年（1684），康熙帝玄烨第一次南巡。《清史稿·本纪七》记载："（康熙二十三年）十一月壬戌朔，上驻江宁。癸亥，诣明陵致奠。乙丑，回銮。"也就是说，康熙第一次南巡在南京连头带尾只住了4天。

据《清圣祖仁皇帝实录》卷一一七，康熙在南京的3天日程排得很满：

（十一月）壬戌朔，登雨花台，观其城郭山川形势，入江宁府城驻跸。

癸亥，诣明陵致奠，过明故宫，御制《过金陵论》。

甲子，阅兵江宁校场，亲射，右发五中五，左发五中四。

乙丑，回銮。

然而就在4天之中，康熙还是去了朝天宫。据《重刊江宁府志·天章》载，康熙在朝天宫还很高兴，不仅亲笔题写了"欣然有得"4字匾额，而且还拨银千两助修殿堂。

到了乾隆时期，乾隆帝六下江南，在朝天宫三次题匾、五次题诗。这种情况在古代帝王游历名胜的有关记载中，可谓绝无仅有。

乾隆

乾隆为朝天宫题的匾额分别是"典午孤忠"（参见前文）、"妙高昆阆"和"含元参化"。

"妙高"乃佛教名词，是须弥山的意译。"昆阆"则属道教语汇，指昆仑山上的阆苑，也就是传说中神仙所居之地。所以"妙高昆阆"赞誉朝天宫是像佛经中的须弥山、传说中的神仙阆苑一样的圣地。

"含元"是指包含万物的本源，即"元气"；"参化"中的"参"，古文中通"叁"，"含元参化"意即"包含万物的元气可以分解（或发展）成为三个组成部分"，其实就是道教常说的"一气化三清"。

世易时移，乾隆所题的原匾早已不存。幸而乾隆所题的五首诗由后人勒石立碑，建亭周护。这五首诗分别是：

朝天宫

冶城谒琳宇，竹树郁苍苍。
吊古怀王谢，遗风泯宋梁。
缘山飞紫阁，守汞锁丹房。
顾实吾恒凛，宁同尚老庄。

乾隆二十二年（1757）

朝天宫用苏轼韵

玉局风流似紫微，游吴望蜀远思归。
登楼未觉山川美，送雁应怀音信稀。
高观当年知宋否，西园今日姓王非。
冶城不少留题者，独和坡吟倚素晖。

乾隆二十七年（1762）

朝天宫再叠苏轼韵

眉山当日忆茹薇，建业登临兴早归。
七子讵惟舒思作，千秋何独和吟稀。
吾方夏澹怀游豫，那向陈编辩是非。
纸牒金刀却邻诞，略伤往事立斜晖。

乾隆三十年（1765）

朝天宫

宋时天庆此朝天，易后名因洪武年。

道侣何须问修炼，吾心原不慕神仙。

幻哉法术千里斗，远矣元言留五千。

朝贺习仪日于此，思量殷鉴意矍然。

乾隆四十五年（1780）

朝天宫

宋时天庆观，朝天明季易。

总以居羽流，世改地无革。

然思朝天义，盖谓飞云舄。

流铃与掷火，郁罗谒有赫。

天在人人心，对越匪朝夕。

夫岂借黄冠，绿章达心赤。

乾隆四十九年（1784）

御碑亭

保存有乾隆御诗碑的御碑亭位于崇圣殿东侧，飞云阁前。亭为八角攒尖顶，内有石碑一通，由碑座、碑身、碑顶三部分组成，通高 3.28 米、宽 0.64 米、厚 0.23 米。在同一块碑上，分别刻有乾隆五首御诗，实属罕见。

第二节　"冶城西峙"

清代朝天宫是南京著名的风景名胜，明清时期南京著名的"金陵四十八景"中，"冶城西峙"所指就是这里。甘熙《白下琐言》卷二称："名山诸胜，僧占居多，惟雨花台吕祖阁、朝天宫飞霞阁二处高踞峰巅，万家灯火一览

"金陵四十八景"中的"冶城西峙"

而尽，最为胜境。"《运渎桥道小志》也盛赞其"幽境名区，罕与为匹"。

如此的风景佳地，吸引了许多当时的文人墨客和附庸风雅之辈来此兴建园林。这些园林一般面积不大，且多集中在冶山东麓，其中比较有名的有孙星衍的"冶城山馆"、邢昆的"缘园"、汤贻汾的"冶山第一楼"等。

孙星衍（1753—1818），字渊和，号伯渊，阳湖（今江苏武进）人。清代著名的藏书家、目录学家。

据甘熙《白下琐言》：金陵多寓公。随园而后，享林泉之乐，极觞咏之娱者，莫如阳湖孙伯渊师……后买皇甫巷司马河帅宅，亭馆池树，布置有法，曰"冶城山馆"。

冶城山馆内叠石为山，穿地为池，主持兴建工程的是阳湖一位戈姓的造园高手。他营造的园林，"一丘一壑，结构天成，大小不同，各具胜趣"。此人还有一项绝技，就是在建水池的时候，把糠灰、石灰和黄土研磨得极细以后掺和在一起，然后夯实作为池壁，能经久不裂。

邢氏"缘园"，在冶山东侧，"方池数亩，绿柳盈堤，广厦修廊，疏密有法。小亭高耸，登之，冶城山色如在襟带间……"园中的景点有"梅花涧""通幽阁""花雨楼""石浪径""环碧轩"等。缘园的主人名叫邢昆，是上元县的生员秀才。《运渎桥道小志》称，缘园原属于徐氏，清代著名诗人、文学家袁枚在当江宁知县的时候，曾在徐氏园中宴请新考上的秀才。后来园子归了邢氏，袁枚还专门写了一副楹联赠给邢氏，其联曰："旧地怕重经，当年丝竹宴诸生，回头似梦；名园欣得主，此日楼台逢哲匠，著手成春。"而在《白下琐言》中，此联被记为："胜地怕重经，记当年丝竹晏诸生，回头是梦；名园须得主，幸此日楼台逢哲匠，著手成春。"两者差别不大，当是传写所误。

"冶山第一楼"在冶山之西，楼下就是"武进会馆"。据《金陵园墅志》记载："冶山第一楼，在冶城山，武进汤贞愍副将贻汾居金陵所建者。楼在武进会馆后，逶迤而上，踞西峰最高处。"

楼主人汤贻汾（1778—1853），字若仪，号雨生，晚号粥翁，江苏武进（今江苏常州）人，寓居金陵（今南京）。擢温州副总兵，因病不赴，退返金陵。咸丰癸丑（1853）太平军克金陵，阖门殉清而死，卒年76岁，谥贞愍。据《炳烛里谈》，汤贻汾建这个"冶山第一楼"可不容易，因为此楼的位置在冶山西麓的峰顶上，恰好在卞壸祠的范围内，卞氏后人认为他侵占了卞壸墓基，两家就打起官司来。官司久拖不决，一直到太平军攻占南京，"武进会馆"和"冶山第一楼"全都毁于兵火，这事才算了结。

汤贻汾建起楼来，经常举办一些聚会活动，"集名流觞咏其中"（《运渎桥道小志》）。当时与他关系比较好的一位名士叫侯云松。侯云松是江宁人，字青甫，"善著色花卉，兼行楷"（《莫愁湖志》）。侯青甫曾为"冶山第一楼"撰写楹联一副，云："于此见名山大川，雄城故垒；与君可清谈高咏，痛饮狂歌。"

第三节　府学文庙焕新生

江宁府学原在今南京成贤街一带，在明为国子监，入清降为府学，咸丰年间毁于兵火。清同治四年（1865），太平天国起义被镇压后，署理两江总督的李鸿章，命江宁知府涂宗瀛在朝天宫原址建江宁府学。

据《同治上江两县志》载，当时在选定重建府学的地点时，曾由风水、堪舆家溧阳陈甝、江宁甘炳负责"相地"。甘炳为江宁甘氏族人，与甘家大院的主人甘熙为堂兄弟。甘熙在《白下琐言》中也从风水角度对府学选址在朝天宫有所议论，他说："冶城山为省干，尽结余气，布为青溪以西阳基。"意思是说冶城山属于省城（即南京）山脉的主干，汇集了（从主脉而来的）余气，从而演化成为青溪以西（最好）的阳宅宅基。其实，早在宋太宗雍熙年间（984—987），就曾在冶山建文宣王庙。清嘉庆年间，原府学大成殿遇火灾时，也有人建议把府学移建到朝天宫，而把道家神像移到原府学。

李鸿章主持的江宁府学重建工程，"因山为基，因运渎为泮池，崇宏拟宫阙"，到"（同治）五年九月，建成大成殿及棂星门、戟门、两庑、库房、官厅等"。这次重修，李鸿章是十分重视的，连用材都很考究，"采海外之大木，陶、琉璃筒瓦于景德镇"，"工凡用帑八万一千余金"。

同治六年（1867），曾国藩重至金陵为两江总督，又相继建成府学的崇圣殿、尊经阁、明伦堂和名宦、乡贤、忠义、孝悌祠等建筑，重新开凿了泮池，工程于同治八年（1869）七月竣工。这一轮重修共用银"十一万七千五百余两"，"规模宏阔，甲于东南"。

经过同治初年李鸿章、曾国藩主持的两轮重修，形

崇圣殿一角

成了东、中、西三条轴线的格局。中路为江宁府学文庙，西路为卞公祠、卞壶墓，东路为江宁府学。目前，朝天宫中路的府学文庙保存比较完整，成为江南地区现存规模最大、建筑等级最高、保存最为完好的古建筑群，由南京市博物馆负责管理。

江宁府学文庙是非常规范、典型的孔庙建筑，面南背北，依山而建，南、东、西三面有宫墙围绕，自下而上共分五进。

第一部分建筑主要包括下马碑、"万仞宫墙"与东、西牌坊和泮池。

"万仞宫墙"面临运渎，为朝天宫古建筑群的南端宫

墙，是整个建筑群的照壁，也是文庙的标志性建筑。

中国古代建筑，一般都会在建筑的主入口前设置一道墙，称为照壁或影壁。照壁是中国古建筑中十分独特而又常见的组成部分，它与建筑的主体若即若离、若开若闭，在形式与功能上体现了古代堪舆术对风水的理想追求，又综合考虑气候、地理、建筑、民俗等诸多重要的因素，既具有很强的实用性，又具有生动的象征意义。照壁的大小、形制、墙面装饰，都与建筑本身的大小、等级、主人身份有直接关系，而照壁正面的装饰或题字也直接体现了主建筑的功能、性质或特点。比如普通百姓、富人的四合院，门前照壁一般写"福禄寿喜"等吉祥字样，寺庙多写"庄严净土"或"阿弥陀佛"，而文庙的照壁则大多会有"万仞宫墙"这4个字。

江宁府学的"万仞宫墙"照壁，东西横向，全长近百米。有"万仞宫墙"4个砖刻大字刻于红墙之外，每个字约1平方米。仞，是度量单位，我国古代八尺或七尺叫作一仞。"万仞宫墙"出自《论语·子张篇》："……夫子之墙高数（万）仞，不得其门而入。"意思是赞誉孔子知识渊博，道德文章水平非常之高，后世遂以"万仞宫墙"作为颂扬孔子的专用语。

在"万仞宫墙"的东、西两侧各有砖坊一座，为文庙的入口，三间三拱门，中门较高大，下施须弥座，上面有砖刻横额，东为"德配天地"，西为"道贯古今"。这8

个大字连同照壁上的"万仞宫墙"4字,据说都是曾国藩所书。

下马碑原来在东、西牌坊外,东、西各有一块,现仅存西边一块,上刻"文武官员军民人等至此下马",系双钩楷书,碑高 2.8 米、宽 0.62 米、厚 0.37 米。一说现在朝天宫附近的"东止马营""西止马营"等街巷名称,均因此碑而得名。

在"万仞宫墙"内侧墙下,有一个半圆形的水池,周围有白石栏杆,称为"泮池",民间俗称"月牙池",也

下马碑

是文庙标志性建筑之一。典出《诗经·鲁颂》"思乐泮水，薄采其芹"，毛传《诗经》注曰："泮水，泮宫之水也。天子辟雍，诸侯泮宫。"意思是说：天子办的学校叫"辟雍"，诸侯办的学校叫"泮宫"。

江宁府学文庙的泮池，在李鸿章重修府学的一期工程中并没有专门建设，当时是"因运渎为泮池"，即直接把运渎水当作泮池，到曾国藩主持的第二期工程时才专门开凿了泮池。泮池周围用石栏杆环绕，下部有两组涵洞与宫墙外的运渎相通，池水终年不竭。抗日战争期间曾被填平，1970年重新开挖，现在与运渎已不再相通。

泮池以北是棂星门，棂星门为文庙标志性建筑。"棂星"最早作"灵星"，是主司农业之神。《史记·封禅

棂星门与泮池

书》引《汉旧仪》曰："灵者，神也。辰之神为灵星。"《后汉书·祭祀志》云："汉兴八年……高帝令天下立灵星祠……旧说，星谓天田星也。一曰，龙左角为天田官，主谷……舞者用童男十六人。舞者象教田，初为芟除，次耕种、芸耨、驱爵及获刈、舂簸之形，象其功也。"汉以后，历代多有祭祀灵星的传统，到宋代"灵星"才开始用在建筑名称上。宋仁宗天圣六年（1028），"始筑外壝，周以短垣，置灵星门"（《宋书·礼二》）。

宋明以来，灵星门一般多为礼制建筑所特有，如太庙、帝陵、文庙等，普通建筑是不能用灵星门的。至于"灵星"何时变成"棂星"，尚无法定论。就南京地方志所见，宋代的《景定建康志》、元代的《至正金陵新志》都已写作"棂星门"了。清代诗人袁枚在《随园随笔》中曾写道："后人以汉灵星祈年与孔庙无涉，又见门形为窗棂，遂改为棂。"

江宁府学的"棂星门"是一座四柱三间的牌坊，面阔15.5米。木结构，黄琉璃瓦覆顶，以斗拱层层出挑，明间（正中间的一间）十三踩（即用十三层斗拱），次间（明间左右两侧的两间）九踩。"棂星门"以四根梁柱支撑起较大面积的屋顶，从纵面看只不过是四根柱子，但仰视起来却可以形成亭亭如盖的效果，这种建筑手法是中国古代建筑的独到之处。"棂星门"南北柱脚下各有4座石狮，雌雄成对，体量虽然不大但雕工精细，栩栩如生。

棂星门内侧的石狮

　　棂星门南北有 1 米左右的高差，由泮池广场进入棂星门需拾级而上。石阶共 12 级，分左、中、右三路，各有垂带石（斜坡）相隔。垂带石宽仅 40 厘米，

　　过棂星门为文庙一进院落。东、西两庑左右厢房各 2 座，面阔各 5 间，宽 21.5 米。东边为文吏斋、司神库；西侧为武官斋、司牲亭。文吏斋、武官斋是清代文武官员参加祭孔典礼休息、斋沐的地方；司神库、司牲亭则分别为存放孔子神主牌位和制作三牲供品之所。

　　一进院落正北面是大成门，又称戟门，为文庙标志性建筑。"大成门"取《孟子》"孔子之谓集大成"之意，而称"戟门"则是因为当时门两旁曾陈放过棨戟之类用作

迎接封建帝王或钦差大臣的仪仗。大成门面阔 5 间，宽约 29 米，其中明间宽 6.45 米、次间宽 5.8 米、进深 12.29 米。重檐歇山顶，上檐用斗拱，纯黄琉璃瓦覆顶。分设左、中、右三门，中门专供皇帝、钦差及祭祀大典时孔子牌位出入，亲王、郡王走左右两门，一般官员只能走大成门外侧的"金声"和"玉振"小门。"金声""玉振"之名亦出自《孟子》："集大成也者，金声而玉振之。"大成门与一进相比高出数米，建有 18 级台阶。

在南京民间传说中，大成门正对着天上的"南天门"。据说大成门不能随便开启，否则上天就会降下洪水、瘟疫和精神病这三种灾祸。

大成门北为文庙的二进院落。东、西两侧各有对称的配殿一组，面阔 11 间，宽约 55 米，庑殿顶，黄绿琉璃瓦覆顶。在东配殿南侧原有石碑 1 通，题为《重修江宁府学碑记》，碑高 2.5 米、宽 1.1 米，碑文为楷体，共 20 行，满行 54 字，全文 1172 字。碑文记述了清同治年间将朝天宫由道教宫观改建为江宁府学和文庙的经过，碑文见载于《曾国藩全集·诗文》（岳麓书社）。1966 年时遭到破坏，断为三截，造成个别碑文残损。2010 年 9 月，南京市博物馆将其修复，移至二进西厢房内保护并展出。

在原断碑旁，还有古银杏树一株，枝繁叶茂，需两人方能合抱。南京民间传说此树为明太祖手植，然就树龄而言，恐不足 600 年。据陈作霖《运渎桥道小志》，当为清

大成门

初所植:"……幽境名区,罕与其匹,中经寇乱,扫地无余。惟三清殿下银杏一株仅存。"1998年,此树被列入南京市古树名木保护名录,编号为003号。

在古银杏旁边的回廊里,悬挂着清同治八年(1869)李鸿章命江南制造局为江宁府学铸造的一口铜钟。此钟高1.44米、底径1.31米、腹围2.2米,系青铜铸造,重约1500千克。钟顶铸有双头龙形象,即所谓"龙生九子"中的"蒲牢"。钟身铸有方格纹饰。钟上有铭文两处,一处为"江宁府学镛钟",一处为"同治八年岁在己巳,五月十有五日,江南制造总局铸"。所谓"镛钟",按《说文解字》注"大钟谓之镛"。"府学镛钟"保存完好,撞击时声音清越，数里可闻。

大成门内庭院深广，进深超过100米，中为甬道，铺有长方形石板，两侧为草坪树木，甬道中段有东西向道路与两配殿相连。

二进正北为大成殿，这是江宁府学文庙主体建筑，也是标志性建筑。孔庙主殿以"大成"作为殿名当始于北宋崇宁（1102—1106）初年，徽宗皇帝曾"诏辟雍文宣王殿以大成为名"（《宋史·志第五十八》）。

江宁府学镛钟铭文

江宁府学文庙大成殿五进七间，通面阔46.3米，进深18.76米，由地面至屋脊总高26.7米。屋顶为重檐歇山式，上下檐均施斗拱。四面斜坡，有一条正脊、四条斜脊。屋面略有弧度，飞檐翘角，状如飞翼，上覆纯黄琉璃瓦。大殿前后两廊均有巨型木柱，上部均为斗拱，用以支承梁架，兼具装饰之用。大殿内外均铺水磨方砖，俗称"大金砖"。前有三层台基，殿前设露台，极为宽敞，在晚清是祭孔大典时表演乐舞的地方。露台四周有石质雕栏，四角刻有螭首。大成殿前后台阶中央，都有浮雕龙陛，现虽有多处磨损,但保存基本完整。

　　大成殿内正中后壁前原有祭台,供奉"至圣先师孔子之神位"。殿内檐下曾悬挂有清康熙帝于康熙二十三年(1684)所颁的"万世师表"匾额以及清同治、光绪、宣统诸帝题匾多块。以上诸多文物惜于1966年和1969年分别遭到毁坏。

　　据陈作霖《炳烛里谈》记载:文庙大成殿里有灵狐盘踞,还曾经显灵捉弄过来此行香礼拜的官员。

大成殿

冶山文庙，有灵狐居于大成殿梁上。其天花板每日必开一块，以为出入之路。今日在东，明日在西，无数日不改变者。

……同治时，某观察（官名）朔日行香，以天时微雨，移丹陛中拜垫于门廊东偏。正行礼时……西边戟门倾倒，距拜处甚近。某观察骇极，归，病三日。或曰此灵狐之所为，所以惩其不敬也。

大成殿正面

2010年9月，南京市博物馆在新一轮古建筑维修工程中，依据现存部分建筑匾额形制，参照文献记载和有关资料，重新制作了江宁府学文庙的"大成门""大成殿""崇圣殿"等主要建筑的匾额，恢复了文庙历史旧观，堪称一时盛事。

大成殿后是崇圣殿，又称先贤殿、先贤祠。面阔7间，宽36.53米、进深16.15米，为单檐歇山顶，绿琉璃黄剪边屋面，建筑风格与大成殿略同。殿前施台基两重，周匝围以石栏。殿内原有神龛，陈放孔门弟子和南京历代先贤牌位。

殿后为冶山最高处，建有"敬一亭"，可鸟瞰南京北部城市风貌，亦为文庙标志性建筑。

"敬一亭"之名，来自明代嘉靖皇帝所作的《敬一箴》。据《明史·世宗本纪一》："（嘉靖）五年冬十月庚午，颁御制《敬一箴》于学宫。"《敬一箴》全文包括前面的序言和后面四字一句的箴言，是嘉靖帝"因读书而有得焉乃述"的一篇心得体会。他在序言

崇圣殿前丹陛

敬一亭

中写道："夫敬者，存其心而不忽之谓也……一者纯乎理而不杂之谓也。"在箴言中他写道："人有此心，万理咸具。体而行之，惟德是据。敬焉一焉，所当先务。"最后他要求："咨尔诸侯，卿与大夫，以至士庶，一遵斯谟，主敬协一，罔敢或渝，以保禄位，以完其躯。"

又《明史·列传第七十四》："（许诰）嘉靖初，起南京通政参议，改侍讲学士，直经筵，迁太常卿，掌国子监。请于太学中建敬一亭，勒御制《敬一箴注》、程子《四箴》、范浚《心箴》于石。帝悦从之。"就是说：嘉靖皇帝所作的《敬一箴》，最早在太学（国立大学）中建"敬一亭"展示，后来又推广到所有的文庙建筑中。

敬一亭

　　敬一亭东，有飞云、飞霞、景阳三阁，明代文献中已见其名。景阳阁依冶山而建，颇具特色。飞云阁高二层，广五楹，阁正中悬有清道光、咸丰时文化名人莫友芝手书的"飞云阁"匾额。后人曾称赞此楼:"钟阜群峰,窥窗排闼,朝烟霏青,夕霞酿紫,如置几席间。诚奇景也。"(《同治上江两县志》)据晚清方志记载,飞云阁曾作为江宁府学教谕(学官名)的办公地点。

飞霞阁,传为宋代钟阜轩旧址,清同治年间曾国藩重修江宁府学时重建,将其作为金陵官书局的办公地点。《运渎桥道小志》称:"……飞霞阁,金陵书局寄治于此。借江山之胜概,发文字之古香,秀野琴川,差堪媲美。"

金陵官书局是清末创办较早而又影响较大的官办书籍印刷出版机构之一。同治三年(1864)四月,曾国藩在安庆创设了书局。同年六月占领江宁(南京)后不久,就将安庆书局移至江宁府学飞霞阁,组建了当时著名的金陵官书局。初期由曾国藩私人出资,旋即改由公款支付。其刊印图书以经史为主,诗文次之。同时也刊印了一些诸如《唐人万首绝句选》《楚辞》,以及《白喉治法》《蚕桑辑要》等普通读物和医学、农学方面的图书。对西方科技著作也颇为重视,刊印了《几何原本》《重学》《圆曲线说》等书籍。前后刻印图书2000余卷。所刻印的书籍,刊本质量上乘,颇受好评(《中华印刷通史》)。

曾国藩组建金陵官书局,除了刊印书籍之外,还有一个目的,就是安置、笼络当时的一些知识分子、名士。正如《炳烛里谈》所称:"冶山书局者,曾文正公养贤之所也……士之通经知古而不耐烦剧者皆处之阁中……故金陵英俊之集，莫盛于是时。"

当时在金陵官书局列名校书的有莫友芝、冯煦、唐仁寿、刘毓崧刘寿曾父子等，皆为晚清名士。

莫友芝（1811—1871），字子偲，自号郘亭，又号紫泉、眲叟，贵州独山人。道光十一年（1831）举人，官至知县。精于诗，工真、行、篆、隶书，精金石考据之学，是晚清著名的金石学家、目录版本学家、书法家。咸丰十一年（1861），莫友芝入曾国藩幕为客卿。同治三年（1864）秋，太平天国起义失败后，莫友芝一家迁居金陵，被曾国藩聘为金陵官书局总校勘。朝天宫"棂星门"匾额、后山"飞云阁"匾额均由莫友芝题写。

莫友芝

唐仁寿（1829—1876），字端甫，号镜香，清海宁人。诸生。家饶于财，购书累数万卷，多秘籍珍本。益肆钻研，尤究心六书音韵之学，校雠经史文字疏讹舛漏，毫发差失皆辨之。曾国藩招致金陵官书局，生平所为书皆未就，独有诗若干卷藏于家。

刘毓崧（1818—1867），字伯山，一字松崖。长益通博，能尽读父书，"以淹通经史，有声江淮间"。曾国藩开金陵书局，延请其为主事。刘寿曾，字恭甫，刘毓崧之长子。同治三年、光绪二年两中副榜。刘毓崧卒后，招寿曾入金陵官书局，所刊群籍，多由他校定。

冯煦（1842—1927），原名冯熙，字梦华，号蒿庵，晚号蒿叟、蒿隐。江苏金坛五叶人。少好辞赋，有"江南才子"之称。光绪八年（1882）举人，光绪十二年（1886）进士，授翰林院编修。历官安徽凤阳府知府、四川按察使和安徽巡抚。辛亥革命后，寓居上海，以遗老自居。曾创立义赈协会，承办江淮赈务，参与纂修《江南通志》。冯煦工诗、词、骈文，尤以词名，著有《蒿庵类稿》等。光绪三年（1877）在金陵官书局校书。

据《续撰江宁府志》记载，光绪三年，飞霞阁被改建为"仓圣祠"，不再作为金陵官书局的办公地点。

飞霞阁前立有乾隆御书碑的"御碑亭"。

晚清的江宁府学建筑群，中路的文庙保存较好。西路的卞壸祠久已废为民居，2009年起，南京市政府将其改建为公共绿地。在文庙东路的是府学，原由明伦堂、校舍、尊经阁、顾亭林祠等一系列建筑组成，现仅存明伦堂和少数房屋。

明伦堂在府学南边，是府学学堂的正厅。"明伦"之语出自《孟子·滕文公上》："夏曰校，殷曰序，周曰庠，学则三代共之，皆所以明人伦也。"明伦堂曾是举行"乡饮酒礼"的地方。同治十年（1871），两江总督曾国藩组织有关人士研习祭孔礼乐，从上海购买乐器，聘请教习，在中秋祭孔时演奏（《同治上江两县志》）。现为江苏省昆剧院办公地，历史遗迹几乎荡然无存。

尊经阁、顾亭林祠在府学北边，与飞霞阁相近。尊经阁为府学藏书之处，顾亭林祠则是为纪念明末大儒顾炎武所建的纪念建筑。

据《炳烛里谈》称："昔顾亭林征士来谒孝陵，皆寓居朝天宫。同治中……于飞霞阁楼建一祠……府学教官率学中名流，岁一祀之，至于今不废。"

《续撰江宁府学》则云："顾亭林祠在府学东南山陬，府学为朝天宫旧址，亭林三至江宁，曾寓其中。同治十三

乾隆御碑南面　　　乾隆御碑北面

年（1874），教授赵彦修、教谕吴绍伊因余屋改建……"

民国年间，营建北平故宫博物院南京分院时祠被拆除。

光绪二十九年（1903）九月，清政府宣布仿照西方推行学校教育，所有乡试、会试一律停止，江宁府学遂走向荒废，直到1949年中华人民共和国成立以后才重新焕发了青春。

第七章　百年沧桑今胜昔

第一节　民国时期的"首都高等法院"

20世纪40年代，朝天宫曾是当时的"首都高等法院"所在地。

1927年，国民政府定都南京；11月1日，将各级审

朝天宫（"首都高等法院"）　20世纪40年代拍摄

判厅改为高等法院、地方法院。原来设在南京的江宁地方审判厅更名为江宁地方法院，设在苏州的江苏高等审判厅更名为江苏高等法院。

1935年10月，江宁地方法院改称首都地方法院，仍隶属于江苏高等法院。至抗战爆发前，南京仍无高等法院这一级机构。汪伪统治时期，于1943年1月1日在南京成立"首都高等法院"（院址在原宁海路26号），作为"首都地方法院"的上诉法院。

抗战胜利后，国民政府还都南京，接收了汪伪时期的司法行政机关。国民政府司法行政部鉴于首都地方法院遇有紧急事情要向他们请示的话，需由江苏高等法院转呈，难免延误时日，于是于1946年4月1日在南京设立首都高等法院。首都地方法院为第二审级，受理首都地方法院的上诉案件，同时负责审理南京市辖区内的第一审"汉奸""内乱"等刑事案件，以国民政府最高法院为上一级法院。

首都高等法院内设机构有三个刑事庭、两个民事庭以及书记室、人事室、会计室、统计室等，书记室设文牍、民事、刑事、监狱、总务等科。附设监狱一处（即老虎桥监狱）、看守所两处（一处在宁海路，另一处不详）。第一任院长是赵琛，其余重要人员还有郑礼锷、陈梓生、骆允协、金世鼎、葛召棠等五大庭长以及典狱长徐崇文、看守所所长楼允文等。

首任院长赵琛（1899—1969），浙江东阳人，字韵逸。中学毕业后留学日本学习法律。1924年归国，历任安徽大学、复旦大学和政治大学教授。1925年加入国民党。1928年在上海兼行律师业务。1933年参加制定"五五宪章"（即1936年公布的《宪法草案》）。1936年任中央警官学校教授。1943年受聘中央训练团台湾行政干部训练班司法组导师。抗战胜利后，任首都高等法院推事兼院长，审理汉奸溥侗、殷汝耕、王荫泰、梅思平、周佛海、林柏生等案。1948年底，任司法行政部政务次长、代理部长职务。去台湾后历任台湾大学、陆军大学等校教授，及至检察长等职。

赵琛为民国时期著名法学家，涉猎广泛，在刑法学、监狱学、行政法学、保险法学等方面均有很深的造诣。尤在刑法学上造诣与影响最大，与王宠惠、居正、王觐、郗朝俊、陈瑾昆、张知本、蔡枢衡、瞿同祖等人为中国刑法学的创立与发展做出了巨大贡献。除了《少年犯罪之刑事政策》外，赵琛的其他重要法学著作还包括《刑法分则实用》《中国刑法总论》《新刑法原理》《刑法总则讲义》《刑法总则》《最新行政法各论》《最新行政法总论》《监狱学》《法理学讲义》《保险法纲要》等。

葛召棠（1908—1961），出生于安徽繁昌县一个儒医世家，先在芜湖读初中，后转入南京读高中，随后考入上海政法大学，师承沈钧儒、史良、李达、周新民等法学名家。1930年获学士学位。1935年到南京女子政治讲习所任教，并兼重辉商业专科学校的法律教授。1936年后，他先后担任安徽太和、六安、霍邱、临泉、庐江等地的司法长官。1944年担任安徽省巡回审判官。抗战胜利后任首都高等法院推事兼书记长官。在此期间，他主持、参与了对汉奸王荫泰、殷汝耕、梅思平、丁默邨的主审。他审判过汪精卫的两个儿子汪文悌和汪文英及汪伪时的安徽伪省长罗君强，还担任了公审大汉奸周佛海的总指挥。特别是在1947年，葛召棠兼任国防部审判战犯军事法庭上校审判官，参与了对南京大屠杀刽子手谷寿夫的审判。是在1947年3月10日签署的国民政府国防部审判战犯军事法庭判决战犯谷寿夫死刑判决书正本上签字的五位大法官之一。中华人民共和国成立后，葛召棠携眷回到芜湖市环城西路22号定居，先后在皖南人民法院任民事审判员、皖南科学馆馆员、安徽省博物馆编审。"安徽省博物馆"馆名匾额最早也是出自葛召棠的手笔。

"首都高等法院"所在的朝天宫，明朝时期是贵族朝见天子时学习朝拜礼仪的地方，现存建筑物是清朝同治年间重建。民国时期，在朝天宫"棂星门"三字之下悬挂着"首都高等法院"的招牌。高等法院的法庭就设在大成殿，殿中设朱红大案桌，桌后并排五张椅子，背衬紫色布幔。大成殿内梁上高悬"明镜高悬"四个大字的横额；两旁大庭柱上，书有"听讼期无讼，明刑复恤刑"的对联。

首都高等法院成立之后，最为引人注目的是审理汉奸案。每次审判汉奸，法庭内外都是人山人海、群情激愤。首都高等法院先后审判的汉奸有汪伪国民政府中央执行委员会常委兼中央党部组织部部长梅思平（1898—1946），汪伪中央宣传部部长、安徽省省长林柏生（1902—1946），汪伪南京特别市市长周学昌（1898—1948），汪伪司法行政部部长、上海市政府秘书长兼财政局局长罗君强（？—1970），汪伪行政院副院长、财政部部长、上海市市长周佛海（1897—1948）等人。据统计，1946年4月至1947年2月，高等法院共审理汉奸案530余件，终结381件。其中梅思平是在南京受审的第一个汪伪巨奸，而公审周佛海一案却显得扑朔迷离。

梅思平历任汪伪国民党中央执行委员会常委、浙江省省长等要职，是当时臭名昭著的大汉奸。1946年5月3日上午，高等法院在朝天宫大成殿开庭审理此案。这天，因无旁听证而站于广场上的人多达3000余人。5月9日，法庭宣判梅思平死刑。9月14日上午10时，梅思平在南京珠江路老虎桥监狱被枪决。

首都高等法院于1946年10月7日对羁押在老虎桥监狱的一代巨奸周佛海提出起诉。10月21日和11月2日先后进行了两次公审。1946年10月，报纸上发表了21日要开庭审判周佛海的消息，有10000多名南京市民赶去参加旁听。首都高等法院事先向各机关发出了旁听证，没有旁听证的群众，只好在外面听广播。

据赵毓麟《周佛海受审旁听记》回忆："公审周佛海之日，庭内早挤满了各界人士。只见鹿钟麟扶杖而来，国民党中央委员也来了不少。上午9时许，周佛海乘一辆大型汽车来到首都高等法院，押解法警约有十二三人。周穿一件灰色平布长褂，戴眼镜，神色并不慌张。"周佛海在法庭上拒不认罪，竭力为自己的罪行辩护，甚至宣称自己不仅无罪，而且有功，使人觉得"周佛海并不像个受审的汉奸，倒像一个演说家"。

1946年11月7日，首都高等法院以"通谋敌国，图谋反抗本国"罪，判处周佛海"死刑，剥夺公权终身，全部财产除酌留家属必需生活费外没收"。周佛海不服判决，提出抗告申诉。1947年1月，陈果夫、陈立夫以周佛海在抗战胜利前一年不无微功为由，呈请蒋介石准予缓刑或减刑。3月26日，蒋介石下令将周佛海的死刑改为无期徒刑，令周感激涕零。周佛海在狱中受到优待，1948年2月病死在狱中。

第二节 故宫博物院南京分院

20世纪三四十年代，朝天宫曾作为故宫博物院南京分院。

这件事要从故宫博物院的成立说起。故宫为明清两代（1368—1911）的皇宫，1911年辛亥革命胜利后，清廷宣布退位，根据当时临时革命政府拟定的《清室优待条件》，逊帝溥仪被允许"暂居宫禁"，即紫禁城后半部分。当时的政府决定，将热河（承德）行宫（即承德避暑山庄）和盛京（沈阳）故宫的文物移至故宫前半部分，于1914年成立了古物陈列所。1924年，冯玉祥发动"北京政变"，组织摄政内阁，修改对清皇室优待条件，将溥仪逐出宫禁，接管了故宫，同时成立"办理清室善后委员会"，负责清理清皇室公私财产及处理一切善后事宜。

1925年9月29日，"办理清室善后委员会"制定并通过了《故宫博物院临时组织大纲》，设临时董事会"协议全院重要事物"，由董事严修、卢永祥、蔡元培、熊希龄、张学良、张璧、庄蕴宽、鹿钟麟、许世英、梁士诒、薛笃弼、黄郛、范源濂、胡若愚、吴敬恒、李祖绅、李仲三、汪大燮、王正廷、于右任、李煜瀛21人组成。又设临时理事会"执行全院事物"，有理事9人。下建古物馆、图书馆。李煜瀛为临时董事兼理事长，易培基任古物馆馆长，陈垣任图书馆馆长。

经过一年的紧张筹备，1925年10月10日在故宫乾清门前广场举行了盛大的建院典礼，并通电全国，宣布故宫博物院正式成立。

故宫博物院成立后对民众开放，人们无不以争先一睹这座神秘的皇宫及其宝藏为快，北京市内一度万人空巷，交通为之堵塞。

1931年，"九一八"事变爆发，华北局势动荡不安。为确保文物安全，故宫博物院决定精选文物"精贵轻巧"者避敌南迁，历时一年，选择就绪。从1933年2月至5月，南迁文物分5批总计13400多箱车运上海，分别在上海天主堂街、四川路、广州路口等处租定仓库储藏。

文物存放上海不过一时的权宜之计，以蔡元培为理事长的故宫博物院理事会对此仍忧虑重重。1934年12月，常务理事会据王世杰的提议，"勘定南京朝天宫冶山为库址，建筑文物保存库"。因此，理事会陈明中央行政院，要求从速筹设故宫博物院南京分院并建南京库房。此议上

朝天宫（文物保存库） 20世纪30年代拍摄

报后，很快便经行政院决议通过。

库房建筑选址在冶山东麓晚清江宁府学明伦堂背后，将属于江宁府学的尊经阁、顾亭林祠等建筑拆除，改建为钢筋水泥建筑，并在土山之下挖掘山洞，作为地下库房。而朝天宫的崇圣殿、大成殿一带，则规划作为将来改建展览室之用。

1936年4月15日，故宫博物院南京分院文物保存库奠基，由理事罗家伦、李济，院长马衡组成工程委员会督导建设。南京分院文物保存库由上海华盖建筑师事务所建筑师赵深、童寯等人设计，钢筋混凝土结构，地上四层、地下一层，建筑费用39.3万元。建筑外形仿照承德外八庙中须弥福寿寺之大红台，坚固耐用。对南迁文物的新家，国民政府全部设计均"拟仿欧美最近新法"建造，"采用书库钢架式，计造四层库房，全部材料均采用钢骨水泥。新库式样略采中国式建筑意味，融合朝天宫之旧建筑，以增美观"。

同时警戒防范措施也是一流的，采用了当时国际上最先进的"紫外线电光警铃"。库房的建造进行了公开招标，除库门由美国约克银箱银库公司制造外，其余多由上海的公司中标，如"人造空气机件暖气卫生设备由上海清华公司、通风设备由上海北极公司承揽"。

1936年9月26日，故宫博物院南京分院文物保存库正式落成。12月8日，故宫博物院南迁文物开始由上海启程，文物分成五个批次，经火车运抵南京，12月17日全部文物转运完毕。1937年1月1日，故宫博物院南京分院正式成立。

南京分院直接隶属于故宫博物院总院（总院隶属行政院），对外不直接发生关系，人员更动亦为总院所控制，同时分院由总院院长直接领导，不设单独的领导人。从1937年南京分院成立直至1949年，院长并未更动。南京分院也没有单独的组织架构，各种院务均为总院直接领导，分院并不独立。其工作班子与总院一致而日常工作也由总院布置，总的来说分为总务、库务两项。总务分五科（抗战前分四科），库务分古物、图书、文献三馆，附以人事、会计。院长驻南京时，分院院务由院长直接领导；院长驻总院时，则由院长指定各科长、主任所组织的院务会议共同商讨，议决后请示院长决定，而院务会议的召集人也是经由院长所指定的。

南京分院与其他相关单位的关系主要包括：南迁文物中有5000余箱原系伪内政部所属前古物陈列所，经运而寄存于分院，后经行政院拨归中央博物院（今南京博物院）接管，而且已经先后接收迁走了一部分，其仍继续保存在南京分院的还有292箱，所以南京分院与中央博物院存有这样的业务关系。另一方面，因为南京分院的保存库为新式建筑，适于保存文物，一般文化机关如中央图书馆、北平图书馆、江苏省立国学图书馆、安徽省立图书馆以及私人收藏家都曾经在此寄存图籍，所以也可以说有代存代管关系。

南京分院的业务工作，在抗战前原分为"典守""研究""流传"三项；但是在成立后不久，文物就因抗战而西迁，漂流不定，其业务不得不侧重于典守。1947年"复员"回到南京直至1949年期间，为总结文物在流亡阶段所受影响，又以总检查为主要工作。直到1949年南京解放，总检查工作仍未完成，所以研究、流传这两项业务一直未能很好地展开。

即便如此，南京分院也陆续开展了一些展览活动。1934年，为了庆贺于次年举办的英国国王乔治五世继位25周年的银禧庆典，英国资深的中国艺术品学者、收藏家戴维爵士（Sir Percival David）发起组织了一次规模空前的伦敦"中国艺术国际展览会"，并向中国方面发出了邀请。南京国民政府决定以传播中华文明、提升国家形象为目的，从故宫南迁文物中"选取书画金石陶瓷各项珍品，运往英伦"参展。为此，国立北平故宫博物院理事会理事长蔡元培召集理事会议，决议"关于选取故宫物品参加英伦中国艺术展览会"，并在伦敦艺展前后分别在上海和南京各举办一次展览，同时配套印行《参加伦敦中国艺术国际展览会出品图说》。值得一提的是：时隔70年后，这套1937年上海商务印书馆精印的4册蓝缎烫金本《展品图说》也成了"文物"，在拍卖会上风光无限。这是故宫也是中国文物首次大规模出国展览，因此南京政府予以了高度重视，专门成立了"伦敦中国艺术国际展览会筹备委员会"，由王世杰担任主任委员。该委员会在上海外滩仁记路（今滇池路）路口中国银行故址设立了驻沪办事处，并租用了中国银行仓库三大间，以备临时存储参展文物。筹委会专门委员经过精心遴选，选定了最能代表中华文明的735件古物，包括西周晚期毛公鼎、王羲之《快雪时晴帖》等故宫藏品中的顶级珍品。在出发之前，这批蛰伏多时的国宝在上海中国银行故址举行了为期4周的预展，一时万人空巷，极大地振奋了民族精神，唤起了久违的民族自豪感。

1935年11月28日至1936年3月7日，中国艺术国际展览会在英国皇家艺术学院的所在地波林顿大厦举行。当时派赴英伦的随展人员有庄尚严、那志良、傅振伦、牛德明等。来自古老中国的绝世珍藏一经展出，便吸引了世人的眼球，在西方社会引起强烈震撼。西方人士通过观瞻文物精品，加深了对博大精深的中华传统文化的认识，也对当前的中国改变了观感。据《南京解放》（江苏古籍出版社，1990年）载："当时，日本驻英使馆正在宣传中国文化源于日本，迨艺展开幕，事实相反，国际引为笑谭，而日本驻英大使竟因此受到宣传不力之处分。"1936年6月、7月，故宫国宝从英伦载誉归来，按照计划在南京进行展览。

1937年7月7日,"卢沟桥事变"爆发。为保证文物安全,自1937年8月到12月,南京文物紧急抢运,分别选择了南、中、北三路,向大后方转移。第一批计87箱,迁往湖南长沙,继迁贵阳,又迁安顺。敌犯独山,再迁巴县。第二、三批计9320箱,辗转迁汉口,经宜昌、重庆、宜宾而至乐山安谷乡。第四批计7281箱,由陇海路迁宝鸡、汉中、成都而至峨眉,"当时因未及迁运而陷存京库者尚有2953箱"。

1940年,冒着抗日战争的炮火硝烟,南京分院组织展品2箱,计书画、铜器、玉器百余件,由国内辗转运往苏联参加"东方艺术展"。"先在莫斯科展览,后在列宁格勒展览,一再延期,时达六月之久。派赴苏联接送展品者乃励乃骥(科长)、傅振伦(科员)。"赴苏展览因适处战争期间,相关记载较少。

当时未及迁运的文物下落,据民国年间蒋公榖所著《陷京三月记》记载:"朝天宫在莫愁路旁,原为明朝的太学,今见屋脊的鸱吻,也被敌人拆去了,他们是当作古物观的。又宫内的古物库,据闻尚有不少的物件,我们没有来得及运走,这库门的机关很秘密,敌人无法打开,曾悬出万元的赏格,征求建造时的工程师,听说还没有找到。"另据《南京解放》关于"接管故宫博物院南京分院的概况"记载,抗战胜利后,从"敌伪接收回文物2766箱",由此可见,当时留在南京未及迁运的文物,有不少被日伪窃取了。

抗战胜利后，西迁文物东归。文物的东归自1946年1月起运，至1947年12月初全部运抵南京，历时近2年，顺利完成。然而仅时隔一年，国民党政府又下令挑选南迁文物中的精品跨海运台。从1948年12月22日第一批启运，至1949年2月22日最后一批抵台，共3批2972箱文物精品被运抵台湾。先抵基隆，后转台中，1965年在台北建馆贮藏。从此，故宫的文物隔海相望，北京、台北两个故宫博物院并存（李成儒《故宫博物院》，紫禁城出版社，2005年8月第1版）。

1949年4月23日，中国人民解放军百万雄师过大江，南京解放。1949年下半年，南京市军事管制委员会下属的文化教育接管委员会接管了故宫博物院南京分院。

据"接管故宫博物院南京分院概况"介绍，当时共接管了南迁大部文物共11178箱；接管刊物、铜版、玻璃版、高丽纸、汽车、各馆科室档案、房地产、家具及各种物资以及大华工程行存放本院通风设备、未完工程各项建筑材料，已先后造具清册报呈高教处查核。

接管时，原有员工57人，而留守者仅27人，员工不敷分配，原有组织机构势必予以精简，人员重新分配。经全体员工大会决议，行政上分库务、总务、经济三组，总负责人为张庭济，所有院务秉承高教处及北平总院指示办理。院内事务由行政联席会议共同负责，出席会议者为行政上三组组长、员工联谊会首席代表及管理工作组组长。

在组织机构方面，除行政原有三个组织外，另成立有军管代表参加的管理工作组，对行政上提出建议及监督工作；成立员工联谊会，负责组织员工学习、图书室、员工公余活动，以及改进员工生活及福利等事宜。

第三节　朝天云阁今胜昔

1973年，南京市在原文物保管委员会下设的"考古""保管""展陈"等业务部门的基础上，正式成立了南京市博物馆，办公地点就设在朝天宫。从此，历经风雨的朝天宫古建筑群重新焕发了勃勃生机，古代建筑与古代文物交相辉映，成为展示南京古都历史文化风貌的重要窗口。

20世纪60年代的棂星门（悬挂有"南京市文物保管委员会"标牌）

1949年中华人民共和国成立以后，南京市对朝天宫古建筑群进行了多轮次的抢修、维修、大修，其中比较重要的有：

1954年，先拨款13400万元（旧币），后又增拨9300万元，由南京市文物保管委员会负责指导，抢修了大成殿、飞云阁、戟门、棂星门等处。

1963年至1965年，拨款7万余元，修棂星门、戟门、大成殿、先贤祠，飞云阁、飞霞阁、明伦堂等。

1972年7月至1973年1月，拨款9.5万元，重修了先贤祠。

1980年6月至9月，拨款5万元，修复了"万仞宫墙"、东西牌楼、八字照壁、棂星门等。

1987年起，先后拨款400多万元，实施全面修复工程。工程设计由东南大学潘谷西教授主持，以清同治五年重建的朝天宫为依据，兼顾旅游、娱乐、文物陈列等方面的需要，对现存建筑实施修复。工程分三期进行，至1993年竣工，基本恢复了清同治年间江宁府学文庙风貌并延续至今。

2010年至2012年，南京市委市政府投资1.2亿元，对朝天宫古建筑群进行了又一次大规模维修和提升改造。

此次维修工程分为两期，第一期主要涉及大成殿、崇圣殿、东西厢房和两侧回廊，占地面积7122平方米，建筑面积3800平方米。二期工程则包含：大成殿以南所有

东晋玻璃杯 1970年南京象山7号墓出土 现藏南京市博物总馆

古建筑；后山古建筑飞云阁、飞霞阁、紫霞阁、御碑亭、敬一亭等"三阁两亭"；所有广场地面维修、泮池清淤、宫墙、门坊维修等。对于室内强弱电、消防系统、室外给排水管网等新设备设施，均按当时施工标准进行了规范化改造。两期工程合计修缮建筑面积约8800平方米、场地修缮面积13122平方米。

2014年，朝天宫被列为第七批"全国重点文物保护单位"。

南京市博物馆是南京市地方性历史艺术类综合博物馆，1973年迁入朝天宫办公以来，长期负责南京地区古文化遗址、古墓葬的考古调查、勘探、发掘，流散文物的搜集，文物藏品的库藏研究以及举办陈列展览和进行社会教育等工作。南京市博物馆占地面积近5万平方米，陈列面积5800平方米，馆藏文物近10万件。

汤山南京直立人化石地点的考古发掘，出土了距今35万年前的南京猿人头骨化石和一大批动物化石，这是在南京地区发现的最早的人类遗迹。该项考古被评为1994年全国十大考古发现、"九五"期间全国十大考古发现。《南京人化石地点》考古报告被评为"第二届夏鼐考古学成果奖"二等奖、"江苏省第二届文博学术论著奖"特别奖。

南京象山等地一批六朝家族墓地的考古发掘，获得了六朝家族，特别是王氏、谢氏、李氏、高氏家族的墓葬规制与习俗的珍贵资料，被评为1998年全国十大考古发现。

高淳薛城遗址的发掘，出土了大批的新石器时代文物，其中彩陶、玉器极为珍贵，是继南京北阴阳营遗址发现后，南京又一处新石器时代聚落遗址，被评为1997年全国十大考古发现提名奖。

2008年，金陵长干寺地宫考古发掘出土了佛祖顶骨舍利和国内最大的阿育王塔，轰动世界。

南京市博物馆注重发挥陈列、宣传、教育等社会职能作用，历年来多次举办各种基本陈列和临时展览，屡获殊荣。

1997年，举办"六朝风采"基本陈列。该陈列以大量珍贵文物、艺术模型和图片资料，并应用触摸显示屏、同步音响、影视合成等现代科技手段，反映六朝时代南京地区的文明成果。其内容设计、形式设计以及制作效果均达到国内一流水平，荣获首届全国"十大陈列展览精品"称号。

2005年，南京市博物馆举办了"龙蟠虎踞——南京历史文化陈列"，利用馆藏文物和南京地方文献资料，按照历史发展的脉络，分为从远古到秦汉、六朝、隋唐宋元、明清、民国五个单元，全面表现人杰地灵、文化积淀深厚的南京历史与文化，重点展示了南京历史上的重大事件和重要人物。在陈列内容上突破了文物展品的局限性，大量采用文献、照片、档案等历史资料；在陈列形式方面，大胆尝试多种陈列语言和新技术、新材料，应用复原场景和创作画等形式重现历史。"龙蟠虎踞——南京历史文化陈列"荣获2007年"全国十大精品陈列"提名奖。

2010—2012年，配合朝天宫古建筑群整体提档升级，南京市博物馆对基本陈列进行了提升改造，仍以"龙蟠虎踞"为名。同年，在"全国十大精品陈列"评选中，荣获"最佳制作奖"。

2014年3月，南京市将包括南京市博物馆在内的7家国有博物馆、纪念馆合并，成立了南京市博物总馆。在总馆体制内，南京市博物馆一如既往地发挥了综合馆的藏品、人才、平台优势，积极融入城市文化建设，成为南京城市文化生活中不可或缺的代表。

利用朝天宫古建筑群特有的古文化氛围，让人们理解南京城市历史发展的进程，领略南京古都文化的精髓，欣赏南京历史文明的宝藏，是南京市博物馆多年努力的结果。朝天宫这颗被誉为金陵历史文化的明珠在现代都市中闪烁着璀璨的光辉，吸引着海内外无数的寻访者。

南京市博物馆藏品众多，别具特色，它们或来自考古发掘，或得自社会征集，或为单位及个人藏家馈赠，其中不乏稀世之珍。如"南京猿人"头盖骨，新石器时代的陶器皿、陶人面雕塑和玉雕品，东吴甘露元年（265）铭青瓷熊形灯、青瓷釉下彩盘口壶及青瓷羊，西晋汝阴太守墓出土的青瓷鹰头壶，东晋望族王氏、谢氏、颜氏等家族墓地出土的墓志、丹丸、玻璃杯、镶金刚石指环、大型陶牛车及侍从俑群，南朝贵族墓出土的青瓷莲花尊，明代王公世家徐达、沐英等家族墓出土的青花"萧何月下追韩信图"梅瓶、素缎地织麒麟补服、金凤凰插饰、金镶玉带、琥珀杯，以及近年来最新出土的"七宝阿育王塔"等都具有极高的科学与艺术价值。其他考古发掘品和传世品，如青铜器、金银器皿和饰件、名窑瓷器、雕刻艺术品、书画艺术品、丝织工艺品、碑帖善本书、珍宝杂件等，亦有不少精妙之作，是南京地区各个历史时期文物精粹的典型代表。